変形する身体

変形する身体

アルフォンソ・リンギス
小林徹訳

水声社

本書は
《人類学の転回》叢書の一冊として
刊行された。

目次

導入

華やかさの進化

分断

本書で私たちが研究するのは、現代社会において、ときに噴出する古代的な欲求や振る舞いと、それが獲得している諸形式である。規則と義務によって確立された社会――経済的・倫理的社会――において、なおもポトラッチ的な行動や、好運、宿命、幸運といった前倫理的な領域への回帰が見出される〔本書「肉体の取引」参照〕。超越的な法によって統治された合理的な社会組織体において、リビドー的なエネルギーやその結合が見出される〔本書「社会的身体」参照〕。かつて国家は拡大された大人の身体として描かれたが、今やその内部に、一次過程的リビドーの放射や結合が見出される〔本書「人類――未熟、共生、先祖返り」参照〕。芸術というハイカルチャーには、自然淘汰よりも、性淘汰を通じた進化が見出される〔本書「カドリーユ」参照〕。観念論やアニミズムは、事物には人間の意図や、願望や、遣り取りがもたらす以上の意味はないということを明らかにするが、そうした考えの根底には、人間を物体の働きかけによって構成される主体とみなすような、フェティシズムが存在しているのが見出される〔本書「フェティシズム」参照〕。

私たちは大量の脳エネルギーを用いて適切な情報を獲得し、さまざまな問題に範例を適用する。実際に情報時代は、かつてなかったほどに私たちがそうせざるをえないということを約束している。同時に私たちは、自分の経験を反省する。これが真に思慮深いことだと思われる。進化に関する、性淘汰や、経済的・政治的システムや、アニミズムやフェティシズムといった観点からの説明は、もっぱら外部から観察する者の立場からなされたもののように思われている。しかし実際のところ、そうした探究は、現在の状況から遡るように進められるものだし、それらの方でも、現在の経験が念入りに描き出されることを要求するのである。

したがって本研究は、私たちの経験の内実についての分析と交互に行われることになる。生まれたということが、続いて起こるすべての経験を構造化する。そして私たちは、他者が生まれつつあるのを経験するだけでなく、すでに長いこと存在していた他者が、今や私たちの人生のうちに生まれつつあるのを経験する〔本書「不連続性」参照〕。私たちは、自分の身体をまるごと、隅から隅まで感じることができるし、それによって自分の身体についてのイメージや、自分自身についての理想的イメージを生み出している。私たちは、総合的で全体的であることへの憧れを経験しているのである〔本書「どう感じるか、どう見えるか」参照〕。しかし私たちは、オルガスム的で芸術的な衝動や、同様に、自分の身体を分断したいという衝動を経験してもいる〔本書「芸術の生理学」参照〕。獲得して、吸収してしまいたいと憧れるような事物がある一方で、もっと強くつながってしまい、私たちがそれに服従してしまうような事物がある

〔本書「食欲」参照〕。私たちは、善い行いをしようと模索することに価値を置く〔本書「善い行い」参照〕。私たちは、他者が経験したことの内実について語る。ある種の経験においては、私たちは他者にとって透明になり、他者は私たちにとって透明になるのである〔本書「透明性」参照〕

導入

不連続性

昼に空を見上げると、外的空間には存在しない青色が見えるし、夜に星を見上げると、何百万年も昔に燃え尽きてしまっている星が見える。自分の手の届く狭い範囲から眼を上げるとき、私たちはたんなる幻影を見ているのだろうか。しかし天文学者たちが見ているのは、過去なのだ。ぼんやりしているとき、私たちの眼はさまざまな表面的効果に捕らわれることがある。湖面や子供の眼に映る影、嵐のあとの虹、シャンパンの泡に映る小さな虹……。ところが科学者たちが私たちの身の回りの宇宙を観察するとき、彼らは持続と進展を観察しているのであり、つまり記憶を超える太古より遺された物理法則と、あらゆる実体や出来事のうちなる因果的連続性を観察しているのである。

私たちが通り過ぎてしまったものは、私たちのもとに留まり、私たちの過去となる。そうしたものは染みついて離れない。何かを思い出すということは、過去の意識状態の一つを再起動させることである。過去の意識状態が私たちから断ち切られてしまうことなど、けっしてないからだ。私たちが発意したことが私たちを形作るのだが、そうしたエネルギーのうねりが静まり、活力を失い、私たちの後ろにずっとつきまとうのである。私たちが現在を踏みしめて跳ね上がり、新たな眺望を目指して弾んでいくことができるのは、私たちが、過去の過ちや、失敗や、妥協や、裏切りといった負荷を引きずっているからこそなのである。何かを仕損じたり、何かを達成したりしながら、私たちの人生は徐々に身動きできなくなっていくのだ。

一匹のワニが卵の殻を破り、その濡れた背中を日の光の下に伸ばしていく。生まれたばかりの子馬が、よろめきながら立ち上がり、周りを見回す。幼児が泣き叫び、息を吸い込み始める。新しく生まれた生命は、物質的で生理学的な因果の連続性を中断する。過去の力と惰性が、一個の誕生のうちで終わりを迎えるのだ。誕生とは不連続性であり、不合理であり、暴力なのである。

私たちは子供に、自分の生命を与える。子供は、私たちの生命によって生きる。子供が自立的に存在することはない。子供は、過去に誰かが始めた計画を続けるという重荷や、未来のための資源を守るという任務を、両親に委ねる。子供の人生は遊びである。子供の誕生は無責任であり、過去に対する反逆である。子供の中で、私たちの生命は、私たちの生命から断ち切られ、疎外され、そして新しい。

時間的連続性のうちに中断があり、切れ目がある。過去が切り離され、この裂け目の中に、新たな生命が自分で生み出した力を伴ってうねり上がる。この出来事——何か新しいもの、むき出しの生命が一つ始まること——が、私たちに呼びかけてくる。

南アフリカの道を歩くとき、この土地で行われたすべての犯罪にどれだけ圧倒されることだろう。そうした犯罪は、ここに住む人々の心に染みついて離れない。そんな歴史から、新しい「虹の国」が出来上がってくるとはとても思えない。しかし子供たちを見ていると、それもありうるかもしれないと思える。それぞれの子供が新しい始まりであり、時間的連続性のうちの切れ目であり、過去を持たずにそこに居合わせることであり、開始なのである。

誰かが私たちの方に顔を向けるそのたびに、私たちは一個の誕生に直面しているのではないだろうか。私たちは彼を見ていた。彼がどのように自分の方向を定め、どんな道具を選び、どんな目的に向かっているのかを観察していた。そうしたことを一つにまとめ、解釈していた。しかし今、彼は私たちに顔を向けている。この動きは、彼について私たちが行っていた解釈・判断・叙述の連続性を中断する。彼の顔は、彼について私たちが作り上げていた絵柄を突き破ってしまう。私たちが彼についてまとめていた過去が不意に断ち切られたからこそ、彼は今、私たちの人生の劇場に生まれたのである。

誰かが、例外的な力を伴って、どこでもない所から私たちの生活に入り込んでくる。埃舞うサヘルで、とある午後に出会ったバックパッカー。彼はすでに大人であったが、私たちの人生のうちに新しく生まれた者であり、彼についての何事かが私たちのうちに生まれたのである。私たち自身が大人であるということが、大人としての歴史全体や、大人としての経験と技量や、大人としての発意と重荷などとともに、抜け落ちる。一人のバックパッカーが、私たちのうちに生まれたことを感じる。彼の無垢なる誕生のうちで、私たちと彼が合流するのである。

焼かれた村と灰燼と化した納屋の光景を、カメラが映し出す。すると、子供が一人映り込む。私たちは、自分に向けられた両眼のうちに、生命の活発さを見る。それは無垢で、過去を持たない、新しい始まりだ。ある老婆の顔の中にも同じ種類の子供らしさがあるのを、カメラが映し出す。今や困窮し、老婆の過去は彼女から遠ざかっている。私たちからも遠ざかっている。彼女の過去には、どうやっても接近できない。私たちはテレビで彼女を見ている。すべてを手放して画面の向こうに駆けつけ、彼女に暖かい食事を作ってあげたいという衝動に駆られる。私たちが、彼女の過去を回復しようというわけではない。彼女の生命が、再び生まれるのだ。彼女の生命は、すでに私たちのうちに生まれている。朝、私たちは彼女とともに目覚め、アルバニアやエリトリアの光景に目を開くだろう。新しく生まれた者のように。

警察が私たちを同定するのは、各人の指紋の線によってである。地球上に現在約六〇億人いる人々の中に、私の指の皮膚に刻まれた十数本の線と同じものを持っている者は存在しない。しかし、私たちが個人を同定するのは、その顔によってである。どの顔にも、他の誰ともまったく似ていない顔つきがあるものだ。額や、眉や、頬骨や、口や、顎の独特な形状が、粗暴／率直、陰気／軽快、憂鬱／柔和、沈着／不審といった様子を私たちに向けている。頭部を飾る髪の毛は、体毛や陰毛とは違い、定まった長さを持たないため、私たちそれぞれが目に見えて異なっている。発達した額と顎の間には、厳格さやだらしなさ、おののきと気後れ、赤面とチック症状が現れている。たとえ私たちが話す言葉のほとんどが、両親や、友人や、テレビタレントや、コメディアンから聞き取ったものだとしても、その誰もがこれらのことを異なる混ぜ合わせ方で、それぞれに固有のイントネーションやピッチやリズムを使って話し、これらのことを彼／彼女の歴史からのばらばらな報告にリンクさせているのである。

すべての科学が認めるように、普遍的法則によって統治されている自然において、つまり知覚的環境において、私たちはほとんどの時間、周期的に訪れる状況やパターンを会得し、追従している。社会的世界においては、私たちの行動や、私たちが目にする他人の行動の大半は、慣習的な身振りによって規格化された作業である。しかしそんな中でも、個性が顔によって生み出される。警察署で、制服の警官が法を実施し、法規を読み上げている。彼と向かい合いながら私たちは、その部屋の中で比類なく個性的なものを一つ記録する。彼の顔である。

モディリアーニやブランクーシが、フラミンゴの頭部ほどエレガントな形を作り出したことが一度でもあっただろうか？　ローマ鼻のようなくちばしは、繊細な羽毛の淡いピンク色によって和らげられている。羽毛の真ん中に、透き通った肌色の両眼がかすかに輝いている。――長い首を使って、顔をあちこちに向けている。その螺旋運動は、二度と同じ動きを繰り返さないように見える。

私たちは、サンドウィッチにアリがたかっていれば、それを払い落とすかもしれないが、それを拡大鏡で見てみるならば、かすかに玉虫色に輝き、絶え間なく前後に動いているその卵形の顔は、なんと魅力的な形をしていることだろう。植物が花びらの上に開く濃い色、淡い色。毎朝、毎晩、太陽が広大な空を隅々まで染め上げる、揺らめくような色合い。そうしたものが私たちの眼を引きつけ、計画された日常から引き離す。イマヌエル・カントは、次のように述べている。美的なまなざしは、利害関心から離れたものである。それはありうべきいかなる用途にも依存することなしに、形や色彩のうちに快楽を見出すものである、と。

男性や女性の体格や筋肉を見るとき、私たちは彼らを労働力として集めることを目論んでいるかもしれない。誰かの性器を見るとき、私たちはそれを用いて自分のうちに快楽を呼び覚ますことを想像しているかもしれない。しかしながら、額や、高い頬骨や、弧を描く顎の形や様子をじっと見ているとき、私たちが目にしているのは、ただ遠くにある形だけである。それらを何のために使用すべきか、ほとんど想像もしていない。挨拶に応えたり、情報の流れや命令を確認したりするために、顔をちらっと見るとき、そこには何か美的な気がかりがあるのではないだろうか。誰かが禁令を発するときに私たちが目にする慣例表現の中に、あるいは、無表情を装いながら喜んでいるかそうでないかを示しているその眼の中に、私たちのまなざしは、あの女ボスは凛々しい顔をしているなとか、この大佐はあまりに粗暴に見えるなとか、たんに堕落して醜く見えるなとか、そういったことをも記録しているのである。眼は誘惑する。ヒトや、ネコや、フクロウや、カメレオンや、セミなどの身体のうちで、眼よりも魅力的なものはない。めまいを起こすほどの誘惑だ。自分のことを見ている眼を覗き込むとき、私たちの視界から私たちの計画や発意が消え去り、それぞれが持っている分離的なアイデンティティが消え去るのだ。

クジャク、キジ、フウチョウは、起きている時間の何パーセントを、互いの色気をディスプレイし合い、そのせいで立ちすくんだまま過ごすのだろうか。私たちは、起きている時間の何パーセントを、レストランの薄明かりや、沈みかかった日の光や、夜の街明かりに照らし出された見知らぬ人の横顔をこそこそ目で追うことに費やすのだろうか。私たちは偶像によって魅了されるように、ある女性の顔に満ち渡る輝きや、ある男性の顔の力強い輪郭に魅了されることがある。実に偶像を製作するために、私たちは石や木の幹の上に顔を彫るのである。

カントによれば、魚や、鳥や、哺乳動物や、花や、家具や、家屋には理想的な美しさはないが、人間的身体には理想的な美しさが存在する。彼の説明によると、それは人間的身体の形状が、必然的に倫理的特性を物質化しているからである。たとえば沈着や、平衡や、勇気や、忍耐などである。確かに顔の形状や色は、そうした倫理的特性を物質化しているが、同様に熱意や、憂鬱や、正直さや、活発さや、鈍さや、厳格さや、愚かさといったものをも物質化している。こうした特性は、死骸の顔にも残されている。カイロのエジプト美術館にあるハトシェプスト女王のミイラを見るとき、彼女の死顔に気高さや感じやすさを見ないわけにはいかない。私たちが顔を彫るやいなや、石材や木材のうちに、陰鬱、憂鬱、傲慢、官能が現れるのである。

カントは、理想的な美しさをもった顔が存在すると宣言する。なぜなら、彼は、人間のうちに、一つだけ尊敬と賞賛に値することがあると信じていたからだ。つまり、義務のために義務に従うことである。しかしながら私たちは、市民的な不服従が示す創意工夫を賞賛するし、同様に、茶目っ気のある微笑やからかうような目つきに見られる、情欲に満ちた青年たちの反逆をも賞賛する。ダイブマスターの顔に浮かぶ一心不乱の不屈さを賞賛するし、あやふやな風習しか持たない南国の女性たちの官能的な気だるさをも賞賛する。服装倒錯者の芸術性や巧妙さを賞賛するし、彼らが軽蔑をもってストレートな者や四角四面な者を見る際の尊大さをも賞賛する。子供たちや厚かましい老婆が持っているような、無責任さや獣的な無頓着さを賞賛する。これらの特性が私たちを魅惑するのは、その顔を見ると、彼らはどの瞬間にも比類ないほどに個性的だからである。

人類——未熟、共生、先祖返り

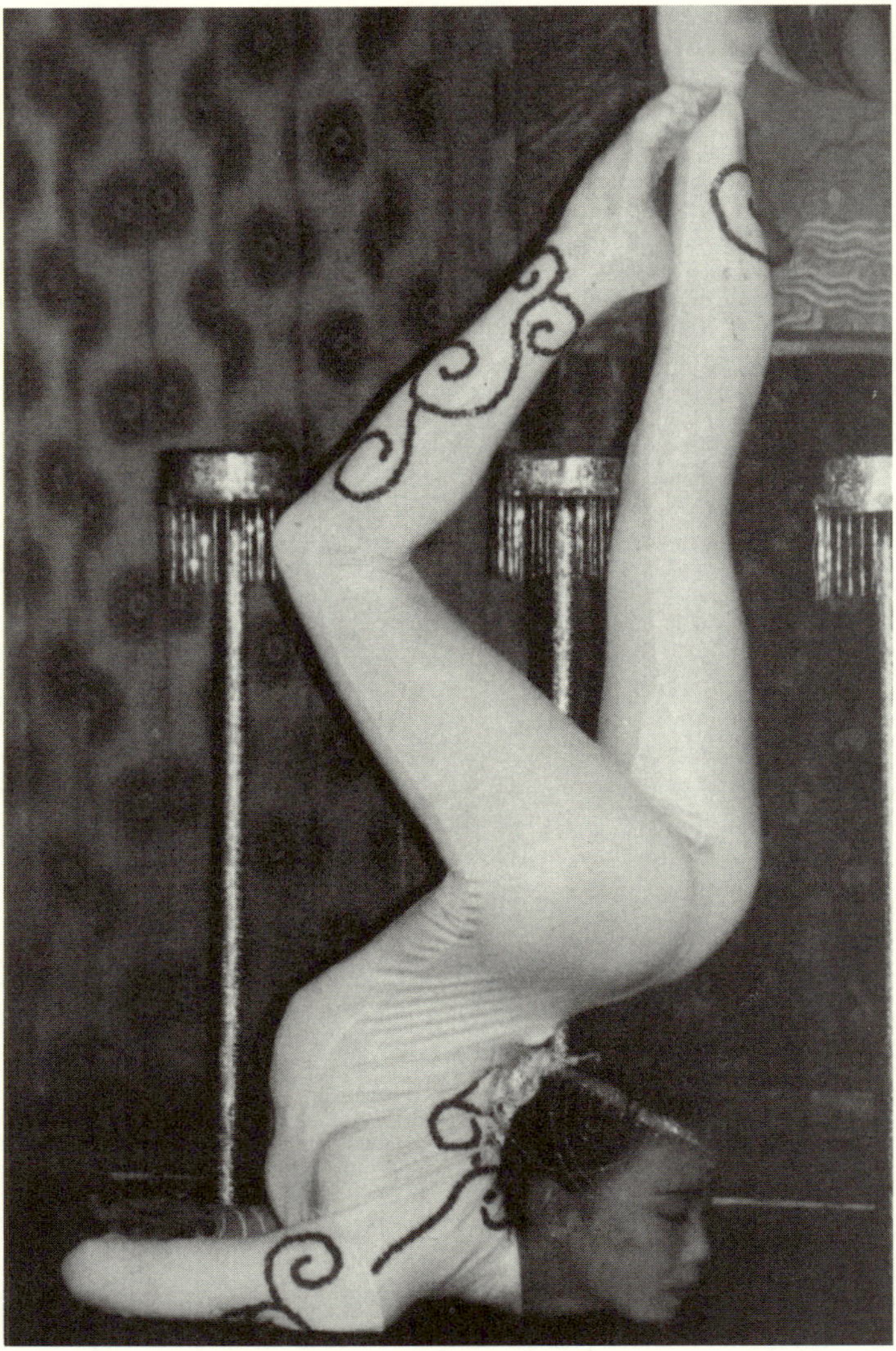

どのような種の個体にも、生命に係わる資源や危険、注意すべき合図などを識別する能力が生得的に備わっている。また、新しい情報を蓄積したり、それをその後で引き出したりする能力が生得的に備わっている。個体によっても、そして日によっても、環境は変化する。個体は自分の環境の中で正確に資源を知覚しなければならないし、もう一度資源を見つけ出す方法を思い出し、そして危険だと判明したものの一般的な形を忘れないようにしなければならない。個体は、自分の領土についての地図を作成するのだ。この地図は、未来の行動や操作のためのプログラムとして機能する。人間にとっての学習は、一般化された概念的カテゴリーを形成して、認知的な試行錯誤を行うための能力を含んでいる——つまり、ありそうな未来の状況を思い描き、新しい行動による解決を編み出すために、ばらばらな断片的情報を想起し、結びつけるという能力を含んでいるのである。このような心的能力は、人間の知覚、記憶、感情、行動パターンの本性に影響を与えるものだろう。
人間の心や人間の活動が、本質的に可能性や未来の方へ向けられているという点は、哲学的なテーマであり続けてきた。積極的に環境の形状を作り直す能力——実際はむしろ、私たちの好みに合わせて環境を構築してしまう能力——は、人間という種を特徴づけるものだとされてきた。人間は自らの歴史を構築し、自らの進化の形状を定めるのだ。マルティン・ハイデガーはこうした特徴的な未来志向を、進化論生物学が説明するところの適応とはみなさなかった。彼はむしろこの未来志向を、事物的存在と人間的実存との間の差異によって説明している。彼に言わせれば、人間にとって実存するということは、自分の足場を前方に投げ出すということである。実存するということは、いつも別の仕方で、別の場所で、前方に広がる時間の中で、自分自身を思い描くということなのである。未来こそが、過去と現在に意義と負荷とを与えるのだ。

心は、特定のパターンを記録するとき、必ずカテゴリーを措定するし、領土の地図を作成する際には、必ず事物がその領土内で他に取りうる位置や、行いうる働きを想定する。心はそうやって可能なことや未来へと向かい、他と異なる身体的特性を伴った霊長類へと進化したのである。直立の姿勢、視覚の優位、拇指の対向性などが、決定的な特性として選び出されてきたが、解剖学者であるルイス・ボルク〔一八六六―一九三〇。オランダ〕は、むしろヒト科の動物にみられる、新陳代謝の顕著な遅さに注目した。人間は通常、チンパンジーや、オランウータンや、ゴリラなどとほとんど同じ寿命を生きるのだが、これらの霊長類が七歳から一〇歳の間に生殖可能な年齢に到達するのに対して、人間は一六歳ころまでそこに到達しない。人間以外の霊長類は、体毛に覆われた状態で生まれ、母親にしがみつくことができるだけの筋肉の強さと協応性をすでに備えており、数日中に自力で歩行することができるが、人間の幼児は、頭部を直立に保つことすらできず、子宮にいたときと同じように母親に依存し続けるのである。

ボルクは、続いて起こる発達の諸段階において、人間の諸特徴が他の霊長類の諸特徴と似ていることについてじっくりと考察し、次のように推測した。もしチンパンジーの胎児が未熟なままに生まれ、生き残った場合、その胎児は、人間の幼児と同じように大きな頭部を持ち、体毛も生えていないことだろう。そして、その大きな頭部を支えるために、二本足で、よちよちと直立歩行することだろう。人間における長く引き伸ばされた子供時代や青年時代は、大人への依存の時期なのである。他の霊長類とは違い、人間の子はまだ身体的にも精神的にもやっていくことができない環境の中で、長いこと生きていかねばならない。こうした生理学的条件こそが、カテゴリーを生み出して認知的な試行錯誤を行うような心、他とは違って未来の方に向けられた心の進化に適合していたのだろう。

心は外的環境のうちにさまざまな可能性を思い描くだけでなく、可能な未来において自分がいそうな場所や、行いそうな行動をも思い描く。自己意識が人間においては顕著であると主張すると、確かに、すでにイデオロギー的な議論進行に乗って、他の種との関係性について実質的に結論づけることになってしまう。しかし自己意識の出現に関する進化論的生物学は、実証主義的で行動主義的な物言いによって妨げられてきた。経験に根ざした研究者であれば、他人の意識に直接触れることなどできないというわけだ。自己意識は哲学に委ねられた。そこでは認識論についての特殊な関心が、自己意識に特有の構造を付与していた。心についての哲学は、知識の源泉としての自己意識に、主な関心を寄せていたのである（「考えている間は、私は自分が存在していることを知っている」というデカルトのテーゼ）。自己意識は、自分の背後から外的対象を知覚するという、心の屈折を意味すると理解されている。すると感覚も、概念も、心的操作も、すべてこのような観察の対象であり、それらがさまざまなカテゴリーによって識別され、同定されるということになるだろう。同時にそれらは、私たち自身の感覚、概念、心的操作として同定されていることになる。

鏡は、見る者に、当人の身体の形や身体の運動という観察対象を与える。彼はそれを自分の身体として識別し、同定するにちがいなかろう。私たちの心的パターンや心的操作を観察して同定する自己意識は、鏡の中に観察された身体を私たちのものとして識別することと似たようなものだと考えられている。ある種の動物や鳥が、自分の鏡像を識別できないということは、彼らに自己意識が欠如していることを示しているのだ。

ジャック・ラカンは、人間に顕著なものとされている鏡像的な自己識別を用いて、自己意識の心的発生を説明し、自己意識と、カテゴリーや認知的試行錯誤を働かせて未来へと向かう意識との独特な繋がりを解説した。幼児にとって鏡の中に自分自身を識別するということは、自分がどこにいるかという自己感覚――情動的かつ運動感覚的な自己感覚――を、遠くにある、鏡の中に見えている自分の身体の視覚像と同一視するということである。視覚像は、自分の身体についてのまとまった統合的な視覚体験を、幼児にはじめて提供するのである。このとき幼児は、喜びの中で、自分自身をこの視覚像に、情動的に投影するのだ[1]。

　鏡像は幼児に、他人が彼について持っている知覚を与えることにもなる。鏡像とは、一個の全体として公の場で指名されうる自分自身を示す、原初的な記号表現《シニフィアン》であろう。それによって、「私」という人称を間違いなく使用することが可能になる。おおよそこの時期に、子供は「私」を掴み取るのだ（「鏡像段階」以前には、子供は「キャンディ！」などと言っているが、その後で他人たちと同じように、「ママはキャンディが欲しい、パパはキャンディが欲しい、ジョニーはキャンディが欲しい」と言うようになる）。自分が感じたり活動したりしている場所から離れた場所にあるような、視覚的に統合された全体と投影的に同一化することは、他の人たちが彼について持っているイメージを、理想的な自己イメージとして投影することでもある。人間の意識が、理想的自我との緊張関係に置かれつつ存在していることを認めることによってのみ、野心、嫉妬、羨望、後悔、自責などが理解されうるだろう。

　とはいえ、人間が形成する理想的イメージは、人間の大人というイメージだけなのだろうか。

リン・マーギュリス〔一九三八―二〇一一。アメリカ合衆国の生物学者〕によれば、真核細胞が最初に形成されたのは、未消化のエサや寄生虫として宿主細胞のうちに入りこんだプロテオバクテリアとシアノバクテリアが、宿主細胞との共生に移行し、ミトコンドリアや葉緑体へと発達したときであった。藻類は、海の中ではイソギンチャクと共生しているが、地表では真菌との共生に入り、地衣類を形成した。そして岩石を崩し、土壌へと分解し始め、その中で複雑な植物が進化したのである。私たちの口腔は六〇〇種の共生バクテリアを含んでおり、植物が捕食を回避するために発する毒素を中和して、人間的有機体に欠くことのできないビタミンを生み出している。私たちの消化システムは四〇〇種のバクテリアを含んでおり、人間的有機体はそれに依存しながら、さまざまな物質を分解し、自分の身体が吸収できるようにしている。いつも新しいバクテリアやウイルスが、私たちの身体に開いた無数の穴を通過している。こうしたバクテリアやウイルスは、おそらく最初は身体を滅茶苦茶に混乱させるものだが、その後で免疫システムの中に抗体が誘発され、身体が中和化されることになる。結局はバクテリアもウイルスも、免疫システムの構成要素となるだろう。ランとハチは共生において進化したし、マダニとシカ、アマサギとバッファローなどもまた、そうである。

　人類にとってそもそも神々とは〈自然〉という抽象的力ではなく、王のような獣や鳥たち――トラや、ライオンや、ジャガーや、ワシや、コンドルや、コブラなど――であった。供犠は不可欠の宗教的行為である。バーバラ・エーレンライク〔一九四一―。アメリカ合衆国のジャーナリスト〕の推測によれば、それは元来、猛獣をなだめるために、奇形の幼児や死にかけの病人をさらし出すという習慣であった。[2] 最古の宗教が描いていたのは、半分ライオン、半分雄牛、半分雄ジカ、半分キツネ、半分コウノトリになりかけている人間であった。

　マサイ族やパプアニューギニアの戦士たち、シュメールの首長、日本の侍、ラージャスターンのクシャトリヤ〔王族・武人階級〕、ヨーロッパの騎士戦士は、ワシの羽根飾りや、ライオンやオオカミの毛皮で着飾り、ワシの揺るぎない眼差しと沈黙、ライオンやオオカミの忍び足といったものを身にまとった。彼らはケツァールやフウチョウの羽根が持つしなやかさ、オグロヅルやジュケイの堂々たる身のこなしと優雅なダンスを獲得した。他の種の特性を分け持つことは、最古の倫理学なのである。人間が敬ったのはワシやオオカミの繊細さであり、オオカモシカやクマの力強さと忍耐であり、自分の子を守ろうとする小鳥たちの犠牲的な誠実さであった。これらの動物を狩るとき、あるいはこれらの動物とともに狩りをするとき、人間は捕食者のひたむきさ、敏感さ、そして知性を手に入れるのだ。今日においてもアルタイ山脈のカザフ族は、ハヤブサやワシを使ってキツネやミンクやオオカミを狩り、鋭敏な眼、持続的な忍耐、素早い反応などを獲得する。闘牛士の勇気が盛り上がるのは、黒い雄牛の勇気と直面することによってである。

　定住し、群居する人間たちは、家畜の群れが有していた制限的な食生活を身につけた（同様に家畜たちの病気も身につけた——天然痘、インフルエンザ、ツベルクリン、マラリア、ペスト、はしか、コレラといった主だった伝染病は、群居性の動物たちの間に存在した病気が突然変異したものとして人間のもとにやって来たのである）。人間は互いに依存し、群れのリーダーたちに依存するようになって、安全、規則性、予測可能性、適合性などを重んじるようになった。慎重さ、命令遵守、有用性などに価値を置くようになった。定住民たちは、植物の観点でも身にまとってしまったのだろうか。このような観点からは、いつもすべてが停止している。そのおかげで、さまざまな変化を通じて同一性が維持され、最終状態が目指されるのだ(3)。

現代の倫理学は、どうやら〈自然〉はまったく道徳に関与しないと認め、道徳観は社会や技術の変化に即して持続的に洗練されなければならないと考えている。道徳観が美点と呼ぶもの――意識的選択によって習慣的に決定されており、自己意識的な自我が責任を持つような行動――は、とりわけ人間的な行動であり、カテゴリー化し、推論し、推計し、原因と結果を調整し、そして認知的に試行錯誤することに依存した行動である。ところが人間が長いこと敬ってきたのは、意識的な発意という資質などではなく、むしろ自らの自然的本性が有している資質、すなわち率直さや、勇気や、自尊心などであり、過去の後悔や良心の呵責、そしていつか訪れる埋め合わせへの熱望を断ち切って、現在のうちに断固として居合わせることだったのだ。

こうした資質によって特徴づけられる民族は、どの地域でも、どの時代でも、高貴な民族だと認められる。フリードリッヒ・ニーチェの説明によれば、それらは高貴な――群居的でもなければ、依存的でもない――動物種が持つ諸特性であり、そうした動物種との付き合いによって獲得されるものである。高貴なる者は、力強く健康的な本能を持っており、健康のため、美しさのため、活発さのため、喜びのために本能を用いる。彼らは本能によって生きているのだ。彼らは他人を理解したりしない。彼らの豊かさは浪費されるものであって、計算することによって台無しになってしまうようなものだ。彼らはそれほど知的ではないし、策略を練るわけでもなければ、狡猾なわけでもない。ニーチェが高貴なる者に認める第一の特性とは、正直さである。つまり高貴なる者は、自らが存在するままに存在し、自らが語るままに善い存在なのである。本能によって、彼らは自分が事実であると思うことを宣言する。弱き者、奴隷的な者こそが、用心深さ、偽善、利口さを発達させてきたのである。

古代宗教が無生物界に働く力を描写するとき、マルドゥク、シヴァ、ゼウス、ユピテル、メルクリウス、ウォータンのような人型を用いることによってはっきりと示していたのは、潮の満ち引きや地震の力をまとって移動し、風の速度や機敏さをまとって動きまわり、大空の晴朗さをまとって舞い上がりたいという人間の憧れであった。現代の技術は、顕微鏡、望遠鏡、音声増幅器などといった人工器官を作り上げた。それによって人間は、ドラゴンやワシの眼で見たり、ゾウやコウモリの耳で聴いたりすることができるようになった。現在作られているサイボーグは、水晶の力を用いて何かを見たり、地球の磁場の微妙な変化によって太陽黒点や地面の揺れを記録したり、光の速さでメッセージを伝達したり、彗星の速度で空を舞ったりする。

顕著に長い人間の子供時代が、子供の身体的あるいは精神的能力と、理想的で全体的で統合的な子供のイメージとの間の緊張関係によって規制されているとするなら、それは、ジークムント・フロイトの議論によると、リビドー的エネルギーや衝動が、どちらかといえば大人時代以上に支配する時期である。幼児のリビドーは直接的な満足のために与えられ、多様な形態のもとで倒錯する。大人が感じるような、遅まきの、昇華された満足は、幼児的リビドーによる一次的過程に対して二次的なものである。ところがフロイトは、幼児的リビドーという一次的過程が大人において存続し、抑圧されたものが回帰すること、つまり幼児性の回帰を証明したのだ。幼児性リビドーの一次的過程が噴出することで、いろいろな夢が生み出され、いろいろな神経症が形成され、「日常生活の精神病理学」が出来上がるのだ。

ジャン＝バティスト・ド・ラマルク[4]〔一七四四—一八二九。フランスの博物学者〕は、次のように主張した。身体器官は繰り返し使用することで改善されるし、使わなければ衰える。そして有機体が繁殖するとき、改善されたり衰えたりした諸器官の状態が子に受け渡されるのだ。そうであるならば、文明の歴史的進歩によって、文明化のための技術的で認知的な技能に適応した個体が生み出されることになるだろう。人間という種においては、歴史が自然的進化を受け継ぐということになるだろう。チャールズ・ダーウィンは、次のように認めている。「遺伝について私たちが知っていることからすれば、ある習慣が子に受け継がれるとき、それが、最初に両親がその習慣を獲得した年齢よりも早い時期であるということは、ありえない話ではまったくない[5]」。しかしながら、メンデル遺伝学の原則は獲得形質の遺伝を排除している。また、アウグスト・ヴァイスマン〔一八三四—一九一四。ドイツの動物学者〕は、獲得形質の遺伝を排除すべき証拠を初めて実地に積み上げた。そこから導き出されるのは、次のことである。大昔の身体たちが、器官や、本能的機能や、食欲を失うことなく、今日の文明化された人々のもとに再び舞い戻ってきているのである。大昔の環境において花開いた欲動や趣味が、今日舞い戻ってくることもありうるのだ。

フリードリッヒ・ニーチェは、科学的で、合理的で、功利的で、民主的な現代社会のうちのいたるところに、もっと前の時代の本能や行為が残されていたり、復活したりしているのを見つけ出した。ニーチェは、観念論や道徳観が、高次の人間本性に顕著な特性として規定してきたすべてのものの下に、「最低次の」動物が持つ本能や嗜好を、倦むことなくさらけ出したのである。たんに体系的に皮肉を練り上げたわけではない。彼が論じたのは、古代の本能や快楽の回帰が、新たな卓越性を生み出すということである。

地質学的・生物学的環境と、社会内における技術的手段の積み重ねが、諸個人の技術的・社会的な技能を決定するし、なおかつ彼らが知覚している欲求や、欲望や、満足をも規定する。ニーチェにとって奴隷状態とは、依存によって――自分の仲間や、制度や、現場の技術的装置などに対する依存によって特徴づけられるものである。高貴さが実現する特性や、行為や、仕事は、同時代の社会的・技術的環境による支えに依存したりはしない。したがって高貴さとは、たんに現行の環境の中に新しい機会を見つけ出した結果でもなければ、実際に働いているさまざまな力を計算した結果でもない。それは、技術的・社会的技能の新しい使い道を洞察した結果などではない。高貴さは、性格を管理することから生み出されるものではないのだ。高貴なるエネルギーは、現在は廃れてしまった諸制度を駆動していた本能や趣味から発するものだが、それは諸個人のうちに回帰し、今や同時代の経済的・社会的目標によってはもはや要求されることのないような仕事の中に流れ込んでいる。高貴さの目標や有効性は忘却の底に落ち込んだが、本能として舞い戻って来ているのである。

ある個人のリビドー的な力は、彼の家族や階級や民族や国や人種などによって投影された理想的イメージから引き下がり、先を争って彼の中に甦ってくる古代的本能を備給し、それを肯定し、それに権限を与えることもある。リビドー的な力のせいでこの個人は時代に適応せぬ者となり、常軌を逸した者、あるいは狂人になりかねない。この力が高貴な動物たちのものであったとき、そして、個人が効果的にそれらに権限を与えるための強さと資源とを見つけ出すとき、この力は新たな高貴さを生み出すものとなりうる。だからこそ、ブルジョワ的な商業の時代においても、狩りやジョスト〔馬上槍試合の一種目。一騎打ち〕はなおも擁護されていたし、常軌を逸したもの、あるいは犯罪的なものであったとはいえ、同時に高貴な気晴らしでもあったのである。

ニーチェはまた、科学的で合理的な私たちの時代における、宗教的本能の回帰についても述べている。この本能によって、個人は供犠の試練や、法外な離れ業に駆り立てられている。この本能は、科学や、政治や、あるいは芸術的気晴らしのうちにその古き情熱を見出している。こうしたリビドー的な力は、ある特定の自己意識を駆り立てる。これらの本能や趣味を肯定し、擁護することによって、個人は正直——高貴な者の第一の特性——になるのである。正直な自己意識は、外界に対して正直になる。彼は他の者が冷たく感じる事物のうちに、熱を感じるであろう。まだそのための物差しも発明されていないようなもののために、価値を発見するだろう。いかなる名誉欲もなしに勇気を発揮しながら、見知らぬ神に捧げられた祭壇に供物を捧げるだろう。彼の自己満足は満ち溢れ、人々や事物に贈与するのである。(6) ニーチェはここで、高貴なる野生人というルソー的なイメージに対抗して、文明化された社会の只中に、あまりに遅れて生まれた野生人を提示しているのだ。それは自らを高貴とする者、さもなければ死んでしまう者である。

したがって人間が他の種と共有している本能は、たんに発達した段階の有機体のうちに存続している、より原初的な有機体の残存物ではない。それは、新たな構造が出現するための源泉なのだ。人間の身体のうちに舞い戻る哺乳類や、爬虫類や、昆虫の衝動が原始的であればあるほど、そうした衝動が駆動する行動が狂気を孕んだものとなり、高貴なものとなることがますますありそうに思える。

舞い戻る原始的衝動を、高貴なる力へと変換するために欠くことのできない方法は、価値の言語の中でそれらを肯定し、聖別することである。人間の言葉は、発声と歌唱から発達したものである、とニーチェは論じている。だから他の哺乳類はあまり歌わない。人間は歌うことを、鳥や虫から聞き覚えたに違いないのではなかろうか。歌唱の第一の機能は情報伝達ではなく、誘惑である。鳥の喉や気嚢《きのう》は、昆虫が音を出すための器官――足をすり合わせたり、胸部をこすったり、羽を震わせたりすること――と同様に、歌を送り出す。歌による反復的なコード化は、理想的な形を何度も現前させるような表象作用ではない。歌はむしろ、美しさ、健康さ、溢れ出るほどの活発さといったものの力を何度も肯定し、反復するのである。したがって最も高貴な言語形式、つまり価値を語る言語とは、昆虫の鳴き声の先祖返り的な回帰なのではないだろうか。

華やかさの進化

カドリーユ

フキナガシフウチョウの非常に装飾的な二本の羽毛は、ニワシドリとパプアニューギニアの人々によって装飾としての価値を認められている。この羽毛が進化した淘汰の過程は、メスのフウチョウによって果たされたのであって、そこに人間やニワシドリは係わっていない——にもかかわらず、これら三種がこの羽毛を魅力的だと思っているのである。[1]

装飾活動とディスプレイ行動

他者に対して魅力的であるということは、どういうことだろうか。それも、守ったり助けたりするための強さや意欲によってではなく、外見的な美点によって。どうして情欲は、美しさを求めるのだろうか。

チャールズ・ダーウィンは、性淘汰と自然淘汰を区別している。クジャクのかさばった尾や、派手なディスプレイ行動について考えながら、オスが持っているように思われる唯一の長所は、彼らがメスにとって魅力的であるという点ではないかと、ダーウィンは気付いた。自然淘汰においては、環境因子が選別することになる諸特性によって、ある種が自分の属する生態系の資源を用いて繁栄することができるようになり、病気や寄生生物に抵抗し、困難な気候や捕食者を回避するのに十分なだけ強く賢くなる。種に属する個体は、自分たちの子孫を生み出すための機会ができるだけ多くなるように行動する。多くの爬虫類や、鳥類や、哺乳類において、オスはメスよりもサイズが大きく、力が強いが（人間のオスは、平均して二割サイズが大きい）、だからといってオスは遺伝子を繁殖させようとして、自分たちのサイズや筋肉組織を、たんに力ずくでメスを征服するために用いるわけではない。ほとんどの種において、交配はランダムに起こるものではない。個体は交配の相手を、自分の子が受け継ぐであろう適応特性によって選ぶ。互いに選び合うことによって、最大限に長続きする雌雄の絆が形成されるし、両性間の類似性も最大限に達成されることになる。

相互的な性淘汰は、外見や行動における両性間の最も際立った対照を着実に促進させる。自然淘汰は個体を目立たぬようにし、エネルギーを保存させ、より効果的な行動のために能率的にする傾向があるが、性淘汰の方はしばしば、華麗な色彩や、修飾的なとさかとか、枝角とか、たてがみとか、尻尾とか、騒々しく目立つような儀式的ディスプレイなどを促進させる。こうしたすべては大量のエネルギーを消費するものであり、オスは捕食者の攻撃を受けやすくなる。ジュエルフィッシュや、ホワイトフィッシュや、トゲウオや、シクリッドや、グッピーたちの間で、ミバエや、ゴキブリや、クモたちの間で、さまざまなカニたちの間で、山ヒツジや、アンテロープや、ヘラジカや、ライオンや、アシカたちの間で、コウテイペンギンや、ダチョウや、アーガスキジや、ハチドリたちの間で、精巧で奇想天外な求愛の儀式が記録されている。このような進化を理解するために必要なのは、そうした解剖学上の精妙さやディスプレイ行動がもたらすコストと利益を見極めることである。

ヨーロッパにおいて、封建制が打ち立てられたことにより、戦士階級は農作業や手工芸に束縛された状態から解放され、彼らの軍事的・治安維持的な義務は付け足しにすぎなくなった。彼らの存在は、ただいっそう公的なもの――信号のディスプレイになった。動物行動学者のアモツ・ザハヴィ〔一九二八―。イスラエル〕とアヴィシャグ・ザハヴィ〔一九二二―。イスラエル〕が論じるところによれば、信号というものは、それが有効であるためには確かなものでなければならないし、確かなものであるためにはコストがかかっていなければならない。もし信号の出し手が、実際に発した信号と正反対の信号を発することもでき、なおかつそれによって得することもありえたという場合には、彼が損をしながら実際に発したその信号は確かさを増すことになる。[2] 騎士たちは上品な織物、リネン類、襞飾りやレースのついた絹物などに身を包み始めた。珍しい鳥のきらびやかな羽根や、真珠色に輝く渦巻き模様が刻まれた深海の貝殻や、光沢のあるキツネやミンクの毛皮を身に付けた。指には宝石を散りばめた指輪を、麝香から作られた香水が振りかけられた胸には、黄金の鎖を装着した。君主の堂々たる揺らぎのない衣装とは違い、騎士たちの服装は動きの中で――パレードや、トーナメント〔馬上槍試合〕や、舞踏会の中で――、ディスプレイされるためにデザインされていた。嵩《かさ》ばった上品な彼らの服装は、動きを妨げるようなものではあったが。

騎士たちは、肌に滑らかに密着した長靴下や脚絆と、はだけた胸に、盛り上がった肩、揺らめくような袖口、流れるようなケープを対照させた。股には、紋織りされ、宝石で飾られた股袋《またぶくろ》〔股間の前開き部分を覆うための布〕が誇示されていた。頭部には、極細の羽根が扇状に広げられた、輝く金属性の兜をかぶっていた。足元には、銀の留め金がついたブーツを履いていた。騎士たちは依然として戦士であり武器を携行していたが、剣は貴金属で鍛造され、柄は宝石で装飾されていた。見事に盛装した彼らの身体は、あらゆる労働的関心から遠くに置かれ、隔たっていた。つまり派手で、魅惑的だったのだ。

騎士たちは、ある特定の美しさを進化させた。豪華絢爛で、スペクタクル的で、怪物的な美しさ――色気に満ちた美しさである。それは古典時代の彫刻において礼賛されていたような、理想的身体の美しさではなかった。つまり不均衡や変化といった内的要因を排除したような、均整や、調和や、内奥の不滅性などがもたらす美しさではなかった。それは作業服の機能的な美しさでもなかった――モンゴルの牧夫が身につけるロングコートや、ブーツや、毛皮の帽子の美しさでもなければ、飛行機乗りのジャケットやヘルメットの美しさでもなかった。騎士の服装は、頭や、腕や、生殖器といった身体的部位の比率を怪物のように拡大し、歪曲する。身体は、織物の薄くて軽い生地や、重厚な鬘をディスプレイするための枠組みとして用いられる。リネンや、コットンや、ウールは強烈で華やかな色に染め上げられ、入り組んだ刺繍やビーズ細工の花弁があしらわれている。羽根飾り付きの兜がふわりと動いて、きらめき、肩マントがうねり、それらが横切る空間を占領していく。騎士たちが練磨したのは、儀礼的で勇壮な身振りや動き方であり、休止は彫像のような姿勢やポーズで示された。浮き彫り模様や鉄鋲で飾られた鞍にまたがり、彼らは跳ね馬に乗ってパレードする。手首には、冠毛が生えたファルコンを乗せており、入り組んだ模様の入ったその羽根は、日の光を受けてかすかに輝いている。

性的ディスプレイ行動は、おそらくある程度までは生得的なものであると同時に、確かに内面からの、そして環境からの刺激や抑制因子による影響を受けるものである。ディスプレイ行動は、本能的であると同時に、学習的でもあるのだ。なぜならディスプレイする個体は、競争に身を置き、最も性的に成功した個体を模倣したり、しばしば他の種を模倣したりすることに熱中しているからである。鳥という種は、歌の中に他の種の模倣を大量に盛り込んでいるという点では、概して性淘汰が働いている種である。模倣は、言語を魅力的なものにする方法だ。自然な仕方で泣いたり、叫んだり、泣き喚いたり、ささやいたりすることが、発声に席を譲る。すべての発声は、多少なりとも模倣なのである。言葉を話すときはいつでも、男性は騎士として話し、王子として、僧侶として、農民として、外国人として、召使いとして、あるいは哀願者として話すようになっていった。騎士たちは雄弁や、叙事詩の詠唱や、ロマンチックな歌を洗練させた。(3)

性淘汰は、メスが性行為の相手を魅力的な特性を理由にして選ぶ場合のように、異性間の淘汰を意味することもあれば、オスが攻撃的なディスプレイ行動を通じて〔他のオスに対する〕優位を確かなものにする場合のように、同性間の淘汰を意味することもある。異性間淘汰と同性間淘汰のどちらが働いているのか、あるいはその両方が働いているのかということは、個々の種を実地に研究することによって決定されなければならない。いくつかの種においては、オスが同性のライバルを追い払ったり、殺してしまったりする。しかし性淘汰が発現しているときは、オス同士の物理的攻撃は実際にはほとんど起きないし、しばしば儀式化されたものになっている。オス同士の優位性やランクを決定づけるような、ディスプレイ合戦が行われるのだ。あるオスが発する信号が示している濫費のうちに、他のオスたちは我が身に余るほどのコストを感じ、同時にまた、その優れた活力を感じているのではないだろうか。

性淘汰においては、オスとメスの関心は衝突し合っている。メスが持つことのできる子の数は限られているのに対し、オスは、高い能力を持った数多くのメスと子作りすることに関心を寄せている。メスたちは、オスたちの中から最も恵まれた精子の提供者を探し出すことに決めていて、そのオスの寵愛を他の数多くのメスたちと分け合うことも辞さない(4)。オスが子を養い、子育てに参加するような環境においては、オスが一度に一匹のメスと関係することしかできないので、メスは自分と関係する気のあるオスを手に入れるためには、オスの能力に関して妥協を強いられることになるだろう。

多くの種では、装飾したオスが特定の場所、つまりレック（スウェーデン語で「遊ぶ」を意味する「leka」に由来する）に集い、互いにディスプレイし合うことで数週間を過ごす。ディスプレイ合戦と儀式的戦闘を通して、オスのランクが決まってくる。メスはそうした場所を訪れ、概して最も印象的なオスを選んで交尾する。大部分のオスは、性行為の相手を得られないまま残される。こうした種においては、オスは子の養育に参加せず、それをもっぱらメスに任せる。レック型交配が記録されているのは、とりわけチョウや、ミツバチや、スズメバチといった昆虫の仲間、シクリッドのような魚、ヒキガエルやアマガエル、サンショウウオやイモリ、ウミイグアナ、ざっと九七種ほどの鳥、シカやアンテロープの仲間である哺乳動物、アフリカのコウモリ、オーストラリアの有袋動物、そして少なくとも一集団のジュゴンなどである。

騎士たちの兜、肩マント、ふっくらした袖、股袋は、身体の嵩を増幅するものであり、威嚇的に見えるようにデザインされている。多くの有毒種は、周囲から際立つような鮮やかな色をしている。警戒させるような色彩は大胆さを宣伝するものであり、敵に挑戦しているのだ。武装し、大胆で、派手に男性的姿勢や活力を誇示しながら、騎士たちは他のオスたちの前で、かっとなりやすい敏感さやユーモアのセンスを見せびらかしている。騎士たちの間でのディスプレイ合戦は、優美さ、力強さ、好戦的態度におけるランクを決定するのである。

脅威が確かなものになるためには、その信号が、脅威を与える者にとっての危険を増加させるものでなければならない——実際に攻撃した場合に、脅威を与える者の方が攻撃を受けたり、不利な立場に追い込まれたりするというリスクを増加させるものでなければならない(5)。騎士たちは戦士であるが、彼らの争いが行われるのは、カルーセル〔馬上槍試合の練習用装置。回転木馬〕やトーナメントの中であり、パレード場の上である。ジョストでは、殺し合ったり、重傷を負ったりするまでにはいたらない。闘いの大部分は、心理的闘いなのである。

騎士たちはまた、危険を覚悟し、さまざまな救援活動を行い、搾取されている者や弱者を援助することにおいて、互いに競い合う。彼らの社会奉仕は、互恵的な他者の尊重ではない。自分が利益を与えた者たちから騎士たちが要求するのは、ただひたすら自分の卓越した地位を承認することである。騎士たちの高潔な慈善活動は、彼らが浪費できるだけの過剰なエネルギーと資源を持っていることを示すものなのだ(6)。

オスが選ばれる理由となる誘性的特性〔異性を誘惑するような色など〕は、同時に、メスを性的に興奮させる刺激としても機能する(7)。一つの種が示すディスプレイ行動のやり方が、どの程度中枢神経系に組み込まれていて、生殖腺が成熟する間に発生する性ホルモンの活動によって、実際の行動へと呼び出される準備ができているのか、こういったことについては今のところは分かっていない(8)。

最近まで生物学者たちは、派手な見た目や騒々しいディスプレイ行動は、一般的な適応特性をメスに発信してもいるのだろうと論じていた。しかしそうした特性は、個体にハンディキャップを与えているように見える。クジャクのかさばった尾や、騒々しく派手な行動は大量のエネルギーを消費するし、そのせいでますます捕食者の攻撃を受けやすくなる。ザハヴィ夫妻が提議しているように、個体が自分にハンディキャップを与えているというのに、生き残った個体が優れた適応性を発信しているなどということは、いったいありうるのだろうか。

最も豪華に盛装した男性や、最も威勢よく粘り強くディスプレイする男性にうっとりとしている女性たちは、おそらくは知らず知らずのうちに、活力の観点から選択しているのだろう。ところが彼女たちが良き配偶者の資質を見つけ出すのは、騎士たちの中ではない。良き配偶者とは、女性と協力して家庭を築き上げ、農作業や手工芸の能力を持ち、女性と協力して子を養育する者であろう。騎士たちはいつでも戦争に出かける準備をし、農作業の義務を負わない者であって、せいぜいのところたまの逢瀬の相手なのである。選択がなされるのは、このように実際には種の活力に対してであって、夫に相応しい美点に対してではないのだ。

騎士風の色気は、聖職者に広まった。枢機卿たちにとって、どんな織物も上品すぎることはなくなったし、衣装のためにどれだけ宝石類へ出費しても、それが過剰だということにはならなくなった。庶民的な教区司祭でさえ、宮廷風で儀礼的な礼服を着始めた。騎士風のディスプレイがこのように聖職者に広まったという事実が、騎士風のディスプレイが本能によって定められた性的ディスプレイではないことを証明しているという点については、反論のしようがない。しかし実際のところ、封建時代を通じて、聖職者の禁欲主義は、教皇によってすら実質的な意味で守られてはいなかったのだ。いずれにしても、禁欲主義は求愛システムの一部でしかない。オスがディスプレイ合戦に入るときにはいつでも、メスは最も印象的でスペクタクル的なオスに惹きつけられることになるし、その場合、多くのオスは性的な満足を得られないままやっていかねばならないのだ。種が性淘汰を遂行しているとき、オスは概して実用的でない装飾活動や派手な行動を進化させる。メスは子育てという仕事のほとんど、あるいはすべての部分を行い、派手さのない外見、つまり迷彩的な外見を進化させる。とはいえ、いくつかの種ではそれが逆になっているが。

騎士たちの派手な華やかさ〔splendor〕によって、ついには彼らの配偶者たちが贅沢な織物やデザインをあしらった非実用的な衣服で着飾ることが許されるまでになった。騎士の愛人たちは、子を産み、騎士の遺伝子を繁殖させるために選ばれたのだが、彼女たちは育児の重荷を放棄し、子の看護や世話を召使いに任せることができた。愛人たちが濫費的に装飾を身にまとい、市民的あるいは宗教的な式典や舞踏会において自分たちをディスプレイして、互いに騎士たちの寵愛を得るために競争すればするほど、性淘汰はますます相互的なものになっていく。

性別間の激しい競争は、事実上の一夫多妻制とあいまって、騎士たちの猛々しい活力、攻撃的な気性、芝居じみた衣装、そして手の込んだ仕方で特殊化されたディスプレイといったものを進化させる結果になった。注目すべき事実は、この驚くほどに複雑な繁殖メカニズムが進化することによって、見たところ騎士集団は、他の多くの生態系や社会政治的環境に属する平凡なオスたちに比べて、自らの遺伝子を繁殖させることにおいて、数の上でより多く成功しているわけでもなければ、より少なく成功しているわけでもないという点である。(9)この事実は、性淘汰を自然淘汰の説明的枠組みの中に統合しようという最近の何人かの生物学者たちの努力——メスの性淘汰を適応性と生殖の成功によって理解しようとする努力にとって、障碍となるように思える。派手な外見や騒々しいディスプレイ行動は、ロナルド・A・フィッシャー(10)〔一八九〇―一九六二。イギリスの統計学者・生物学者〕が描いたようなランナウエイ・プロセス〔ある形質に対する好みがある頻度を超えると、それしか選択されなくなること。性淘汰において、必ずしも良質な形質が選ばれるわけではないことの説明〕の単純な結果として生じえただろうか。〔この考えによれば、〕元来は数匹のメスだけがより派手なオスを選んでいたはずなのに、そうしたオスは、それほど好みのうるさくないメスにとっても候補者になるだろう。このように、派手なオスは子孫を増やし、その子孫たちは外見にものを言わせ、彼らもまたメスたちにとって魅力的になるだろう。するとメスたちは、外見にばかり資源を浪費する子孫を持つことになり、損をすることになるのである。

しかしながら求愛行動――ミバエからハチドリやコウテイペンギンにいたるまでのさまざまな種に広がっている求愛行動――においては、何か別のものもまた進化しているのではないだろうか。すなわち、個体らしさや個体としてのつながり〔attachment〕もまた進化しているのではないだろうか。「性淘汰が提供してくれるのは、動物王国の中で、あれやこれやの個体が、外見や、行動や、そしておそらく今の私たちが識別しそこなっているもっと別の特徴といった、人格的資質に対して選択を行っていたことについての、最も早期の明確な例なのである」と、鳥類学者のアレキサンダー・スカッチ〔一九〇四―二〇〇四。アメリカ合衆国〕は述べている。「それは、種的均一性の段階から人格的なものが出現してくるときの、重要なステップである。そのとき相互的な性淘汰は、個体としての持続的なつながりへといたり、最終的には友情や、夫婦間の貞節へといたるのだが、このようにして、道徳的であると同時に身体的であるような美しさに寄与することになるのである」[11]。

転移効果

数多くの種において、オスが性的パートナーを引きつけるのは、まずは一つの領土やその資源の所有者であることによってであるが、それに加えて、あるいはその代わりに、食物や巣ごもりの材料を提供することによってでもある。オスのズグロウロコハタオリドリとオスのイエミソサザイは、いくつもの巣を作り上げる。メスはいろいろなオスが作った巣を訪れ、最も上手に構築された巣を与えてくれるオスを選ぶのだが、メスはその後この贈り物を解体し、自分で作り直す。ダーウィン的な性淘汰の概念が適用されるのは、オス（あるいはメス）が、もっぱら自分の装飾やディスプレイによって性的パートナーを引きつけるような種に対してである。いくつかの種においては、オスの贈り物はその場で消費されたり、子育てに利用されたりするようなものではなく、むしろメスにとって単純に魅力的なものであるように見える――たとえば、インドのノドグロハタオリドリが行うような、歌や花の贈り物のように。こうした種においては、しばしばオスは派手な装飾を身にまとってはいない。E・トーマス・ギラード〔一九一二―六五。アメリカ合衆国の鳥類学者〕は、こうした種の進化を理解するために、「転移効果」なる概念を導入した。魅力的な贈り物によってオスは、自らの身体を装飾しなくてもすむようにしている、というのだ。オスがメスに、実用的か否かは重要ではないような贈り物を行う種においては、概してディスプレイ的パフォーマンスも見られる。まさにこの点が、性淘汰における「転移効果」という概念を正当化する。ディスプレイにおいて、贈り物的な誘引力がオス自身に転移するというわけである。[12]

ヨーロッパにおいては、騎士階級が結局は徴収兵的な均一性に向けて進化していき、それと同時に大実業家たちが、グレーのフランネルスーツを着た自分たちの手勢を先導するようになった。装飾活動とディスプレイ行動は、いよいよ女性たちに割り当てられるようになっていった。

オスがメスのために競争するとき、彼らはもはや自分の身体を改造したり、飾り立てたりするのではなく――閣僚たちや銀行の頭取たちは、保険のセールスマンと同じくらい冴えない服を着ている――、物品の蒐集を行うようになった。領土や資源の制御や、ディスプレイされた所有物の有用性などではなく、誘引力が決定因となる場合に、自然淘汰だけではなく、性淘汰も行われることになる。色気に満ちた衣装や宝石類を贈り物にすることは、女性たちを飾り立てることである。一方、建築学的観点から設計された家やデザイナー家具、贅沢な自動車、古物や絵画などのコレクションをディスプレイすることによって、男性の誘引力は強化される。飾りは実際にパフォーマンスする者から切り離されて、芸術作品のように離れて観賞するものになる。男たちが色気を獲得するのは、巨額の資金が投じられうる古物や名作を獲得することによってであり、新しい名作の数々を生み出すための出資を行うことによってである。

「アート・ワールド〔ある作品が芸術作品であることを保証する理論的歴史的審級〕」における昨今の成り行きは、こうした進化を転覆させるものである。決定的だったのは、ハンス・ナムス〔一九一五―九〇。ドイツ生まれの写真家〕が、一九五〇年の夏から初秋にかけてジャクソン・ポロックの仕事場で撮影した五〇〇枚以上の写真と、作業中のポロックを捉えたポール・ファルケンベルク〔一九〇三―八六。ドイツの映像作家・映像編集者。ナムスと共同でポロックのドキュメンタリーを制作した〕による白黒とカラーの映像であった。ジャクソン・ポロックは、画布との「コンタクト」を維持することが大事だと考えていた。だから彼は、床に水平に寝かせた画布の上で踊りまわり、絵の具をたらしたり注ぎ込んだりしながら、さまざまな色の場を作り出していったのである。写真や映像が示したポロックは、競技場《アリーナ》に捕らわれた一人の画家であり、そこで行われる創作活動は、儀式化されてはいるが依然として爆発的なものであった。何枚もの広大な画布が、額縁の内側に収容された物体であることをやめ、環境と化した。それらはまた、存在している事物を独立的に描写するための構成的空間であることをやめた――つまり、幻影のための空間であることをやめたのだ。批評家のハロルド・ローゼンバーグ〔一九〇六―七八。アメリカ合衆国〕は、次のように記している。「ある時期に、アメリカ人の画家たちは、一人また一人と、画布を活動するための競技場とみなし始めた――もはや現実的な客体や想像上の客体を再現したり、再設計したり、分析したり、表現したりするための空間ではない。画布の上で進行しつつあったのは絵ではなく、出来事であった」(13)。芸術家とその対象との分離が、転覆されつつあった。芸術の主題が、いよいよ自分自身の制作過程になったのである。

ナムスの写真とファルケンベルクの映像は、ポロックの絵画活動が、そこにいない者に向けられたダンスであることを明らかにした。しかしポロックからすれば、自分の絵画がダンスしたわけではなかった。鏡とは他人の目であったり、自分についての映像であったりするが、パフォーマーは鏡を使って、自分の身のこなしや硬直性、優美さや不器用さを見ようとしたりはしないものだ。立ち上がって運動に向かっていくとき、私たちの身体は体内の姿勢維持軸を引き締めて、器官や四肢を動態的に統合し、それらの推進ベクトルや支持ベクトルを系統立った仕方で再配分する。こうした姿勢維持的なダイアグラムは、それ自身の運動感覚を生み出す。たとえば座っているとき、自分の足がテーブルの下にあるということについて、私たちは体内的な姿勢維持感覚を持っている。それを実際に眼で見る必要はない。姿勢維持的図式は、「身体イメージ」を発散しているのだ――自分の姿勢が見えるような距離をとった場合に、自分の身体がどのように見えるかという、視覚的とは言い切れない感覚を指すには、いささか誤解を招く用語ではあるが。推進したり身振り手振りしたりするとき、しゃがんだり飛び跳ねたりするとき、周囲の視覚的配置の中で自分がどこにいて、どのように動いているのかを、私たちは見るともなく見ている。踊り手が鏡に映るイメージを自分のものだと認めるのは、そのイメージが、自分の姿勢維持軸が生み出すイメージらしきものと適合するからである。踊るとき、彼は自分がどれだけ優美で華やかであるかを見るともなく見ているのである。

ポロックに関するナムスの写真とファルケンベルクの映像が有名になったおかげで、この芸術家のペルソナは、彼の作品群を超えた巨大さを背負い込むことになった。六〇年代後半から七〇年代にかけて仕事していた芸術家たちの世代は、ポロックのメディア・イメージと同じくらい訴求力のあるペルソナや自己イメージを映し出すことに、多くのエネルギーを当てていた。こうした傾向は、のちに「パフォーマンス・アート」として知られるようになる動きの中に流れ込んでいく。そこには、ペルソナや自己イメージを重要で適切な主題として探究する芸術家たちが含まれていた。パトロンや蒐集家に色気をもたらすという芸術的オブジェの社会的・性的な機能が、パフォーマーとしての芸術家に転移したのである。

一九七〇年あたりに女性のパフォーマンス・アーティストが出現したことは、〔「アート・ワールド」における〕第二の転覆を画している。ポロックは自らを芸術作品のうちに置いたのだが、オルラン〔一九四七―。フランスの女性アーティスト。整形手術によって自らの顔にさまざまな顔をコラージュした〕はメジャーな芸術作品を自分の顔に彫りつけることを試みている。彼女は、コンピューターのモーフィング・ソフト〔人の顔を徐々に変化させて別の顔にする技術〕を使って、自分の顔の合成イメージを作成したのだが、そこにはさまざまな芸術作品の中の女性たちの特徴が結合されていた。レオナルド・ダ・ヴィンチのモナ・リザが選ばれたのは、「彼女は現代的な美の基準からすれば美しくないから」であり、「この女性の下には、ある『男性』がいるから」であって、「私たちは今や、それがジョコンダ夫人の肖像画の下に隠れているレオナルドの肖像画だということを知っている」(14)のである。狩りの女神ディアーナが選ばれたのは、彼女が攻撃的で、男性に服従しなかったからである。オルランはモナ・リザの額とこめかみを合成イメージに組み入れ、そこにフォンテーヌブロー派の誰かが彫ったディアーナ像の鼻を付け加えた。オルランは、ギュスターヴ・モローのエウロペ〔『ユピテルとエウロペ』あるいは『エウロペの略奪』。雄牛に姿を変えたユピテルが、エウロペを背中に乗せてクレタ島に連れ去る場面〕からは口を拝借したが、エウロペは別の大陸を待望し、自ら望んで見知らぬ未来のうちに運び去られようとしているのである。

ボッティチェリが描いた、愛と豊穣と創造の女神ヴィーナスからは、顎を取った。フランソワ＝パスカル＝シモン・ジェラール〔一七七〇—一八三七。フランスの画家〕のプシュケ〔『プシュケとアモル〔クピド〕』〕からは、愛と精神的な美しさを求めるその眼を拝借した。そしてオルランはこれらの特徴を、一〇回の整形手術を経て自分の顔に統合した。彼女の説明によると、その合成イメージは彼女の内奥にあるイメージと一致している。だから彼女は、自身の変形を「女性から女性への性転換」と呼ぶのだ。

整形手術は、男性を前にしたディスプレイ的な生き方のたんなる延長であって、ここ数世紀のうちに女性に割り当てられるようになってきたものだとみなされてきた。自分の身体の自然的な欠陥を告白することを必ず含んでいるのだから、整形手術は秘密のうちに行われるだろうし、理想としては、行ったことを完全に否定することができるものであろう。〔ところが〕オルランは、自らの外科手術をパフォーマンス・アートに仕立て上げたのである。彼女は手術室の色を塗り替え、外科医や看護師の着る服をパリで一番の服飾デザイナーにデザインさせた。そして外科手術の模様は、パリ、ロンドン、ニューヨーク、モントリオール、東京のギャラリーでライブ放送された。概して六時間続く手術の間中、彼女は意識を保ったままでボードレール、ロートレアモン、ブランショ、ラカンなどから選んだテクストを朗誦し、電話の呼び出しやファックスに応えた。

外科手術は、相変わらず食肉解体処理と同じようなものである。だからいかなる外科手術も不快なものだし、そこには麻酔をかけられた患者がいるが、その身体に行使される暴力を目撃する者はいない。とりわけ顔面の外科手術は、恐ろしくて見ていられないものだ。私たちが自分のアイデンティティや意志を感じるときに、最も人格的で個人的な要素のすべてが私たちの顔に凝縮されているのに、それを外科医が切り取って、今手にしているのだから。しかしながらこうしたことは、オルランの外科手術を何か別のスペクタクルに仕立て上げることではない。ここにあるのは、パフォーマーが裸にされ、何か身体的に屈辱的な位置にディスプレイされ、それを見ている者は、自らのうちに一人のサディストが目覚めつつあるのを禁じえない、などといったスペクタクルではない。手術の間中ずっと意識を保ち、言葉を話すということによってオルランは、それを見ている者に対して自分が押しつけているショックの主導権を握っている。つまり彼女の外科手術は、それを見ている者の悦に入った興奮を切り取ってしまうのだ。外科医がメスを刺し入れ、彼女の顔面の厚みを切り開き、それを頭蓋骨から持ち上げると、〔顔の〕肉は黒ずんで、膨張している。続く数週間、顔は色を失い、膨張したままである。オルランはこの様子を毎日写真に取って画廊に展示し、その横に、手術の過程で流れ落ちた血や採取された脂肪を詰めた薬瓶を並べた。最近行われた手術では、彼女のこめかみに怪物じみた仕方で二つのふくらみが挿入された。

こうしたパフォーマンスは、女性が男性に選ばれるためにディスプレイすることに慣れている男性たちにショックを与え、彼らを震え上がらせ、撃退する。〔しかし〕中世の騎士たちは、悦に入っているわけでもなければ、サディスティックなわけでもなく、身のこなしやスタイルによって、色気を発するほどに盛装した身体を血塗られたゲームの中で危険に晒し、あえて平坦な声で悠々と演説し、勇壮な詩を詠唱し、ロマンチックな歌を歌い上げたのだ。オルランのパフォーマンスは、新しい種類の男性を選別し、新しい騎士集団を召還する。効果的であるためには、信号は確かなものでなければならないし、確かであるためには、信号はコストのかかるものでなければならない、と動物行動学者のザハヴィ夫妻は論じていたではないか。

（ザトウクジラの）歌には、音楽的構造がある。それらの歌は、同じ順序で歌われる四個から一〇個の主題によって構成されており、それぞれの主題は、音楽的な音の繋がり――フレーズとサブ・フレーズが、それぞれ特徴的な仕方でまとまったものである。（……）次のことは、音楽的知性を理解するためにたいへん重要である。高速で演奏された場合、クジラの歌は鳥の歌と区別がつかない。中くらいの速度のときは、人間が作曲しえたものに間違って聴こえる場合がある。鳥と人間とクジラは、見たところ基本的な音楽的知性を持っているようである。というのも、鳥と人間とクジラは、それぞれの分類群に基づいて異なるテンポで演奏されるような、入り組んでいて美しい音楽を聴いたり、味わったり、作り出したり、歌ったりすることができるのだから。[15]

カール・フォン・フリッシュ〔一八八六―一九八二。オーストリアの動物行動学者〕、ニコラス・ティンバーゲン〔一九〇七―八八。オランダの動物行動学者〕、コンラート・Z・ロレンツ〔一九〇三―八九。オーストリアの動物行動学者〕らによって立ち上げられて以来、動物行動学は自立的な専門用語を洗練させ、それによってさまざまな種の行動を記録し、描写してきたが、ここ数十年、その言説は、進化論生物学の用語やパラダイムや病因論的図式にますます統合されつつある。

さまざまな種のコミュニケーション・システムもまた、さらに詳細な調査を引き寄せてきた。通俗的な言い方をするなら、シチメンチョウの「ゴッブル、ゴッブル」であり、カモの「クワッ、クワッ」である。しかし野生のシチメンチョウの間では三一種、アメリカオシの間では四七種もの異なる発声法が同定され、解読されている。もっと簡単に観察できる種においては、性淘汰のためのコミュニケーション・システムが記録されてきた。複雑な音声的あるいは運動的信号が、数多くの種で記録されている。

また、製造業者たちや専門家たちの間では、人間の装飾活動やディスプレイ行動に関する語彙が、ほとんど科学的と言ってもいいような正確さに到達している。音楽家たちや音楽学者たちは、音楽的な構成や展開を生み出したり記述したりするための標準的言語を発達させてきたし、振付師たちは、ダンスの構成や演技の詳細を示すための的確な用語群を作り出してきた。織物製造業者たち、宝石職人たち、服飾デザイナーたちは、身体的な装飾活動に用いられる素材、形式、手触り、色合いの広がりを覆い尽くすような用語群を生み出してきた。こうした技術的で、ほとんど科学的な言説は、これまでのところ、伝統的美学の隠喩的で情緒的な言説から独立しているのと同じくらい、動物行動学や進化論生物学から切り離されたままに止まっているのだが。

色気の専門家

キジオライイチョウは、アメリカ合衆国の北西部とカナダの南部にまたがる広大な平原に生息している。雄鶏は茶色か、白い斑点で灰色がかった茶色を身にまとっていて、前頸部《ぜんけいぶ》と腹部は黒く、胸部は白い。一八本の尾羽の根元は幅広く、先端は長く尖っていて、次第に細くなっている。暗い色をした下尾筒《かびとう》〔尾羽の付け根の下部分〕は、先端が切り取られたようになっており、白い斑点がある。雌鳥はずっと小柄で、均一に灰色がかった茶色の羽根を身にまとっており、きれいな黄褐色に白い斑紋が付いている。

二月下旬から三月上旬にかけて、雄鶏たちは伝統的な儀式が行われる競技場に集まる。それは開けた平原か、あるいはなだらかな傾斜地で、丈の低い草で覆われており、所々背の低いヤマヨモギに囲まれた場所である。(16) 雄鶏たちはそこへ、一〇〇マイル〔約一六〇キロメートル〕もの彼方からやってくる。競技場は細長い。長さは半マイル〔約八〇〇メートル〕ほど、幅は二〇〇ヤード〔約一八〇メートル〕ほどにもなろうか。四〇〇羽に達するほどの雄鶏が、そこでパフォーマンスするためにやってくる。パフォーマンスが行われるのは、毎日午後遅くである。パフォーマーたちは、互いに三〇フィート〔約九メートル〕離れて位置を取り合い、競技場を一六から二〇平方ヤード〔約一三―一六平方メートル〕横切ってそれぞれダンスする。日が暮れて夜空にまた月が高く上るころ、雄鶏たちはディスプレイ場にどんどん集まり続け、深夜にダンスし、ライバルたちと競い合う。

踊り手は垂直に背筋を伸ばし、尾をぴんと立てる。細い羽毛は外側に広がり、大きく間が開いていて、まるでリオデジャネイロのカーニバルにおける、あの素晴らしいサンバ合戦で使われている羽根飾りの付いた細身のドレスのようだ。翼が根元から持ち上げられ、付け根に向けて下の方に鋭く曲げられる。一番長い初列風切羽の先端は、しばしば地面に触れる。二番目の動作で背中と地面が四五度になるように、徐々に背中が持ち上げられていく。すると突然、前頸部の羽毛が二つに分かれ、二つの小さなオリーブ・グリーンの皮膚が顔を覗かせる。ダンスは堂々たるもので、フラメンコのように気取った姿勢で、唐突に動き出す〔最初のステップ〕。三番目の動作が開始されるのは、パフォーマーが口を開くときである。それは一見すると息継ぎするためであるが、そうではなく気嚢が満たされていくのだ。食道が広がり、四、五リットルの空気で大きく膨らむ。胸の白くて堅い羽毛が広がって、身体の前面を覆い尽くし、頭が隠れてしまう。この白い広がりの真ん中に、二つの卵形をした黄色っぽい素肌のパッチが現れる。そして踊り手が突き出た食道嚢を持ち上げると、皮膚パッチは見えなくなる。もう一度ステップを踏み、折り畳んだ翼を首の脇のこわばった羽毛と交叉させるように滑らすと〔最初のストローク〕、首が引きつって垂直に伸び上がり、こすれるような音を立てる。

四番目の動作で、口が閉じられる。再び翼を前方に動かし、食道嚢を下げる。再び首を膨らまし、もう一度小さな楕円形の皮膚パッチを見せるが、今回はそれほど大きく膨張させずに、二度目となる翼のストロークを後方に向けて行う。これが五番目の動作である。六番目の動作では、前方に三度目のステップを踏み、再び翼を前方に動かす。皮膚パッチがいくぶんか前よりも大きく広げられ、食道嚢が再び上に移動し始める。七番目の動作では、斜めに首が伸ばされ、食道嚢が力強く持ち上げられて、ほとんど頭が隠れる。後方に向けて、三度目となる翼のストロークを行い、再び胸の羽毛をさする。八番目の動作では、ぴんと立っている首の羽毛の中に頭を引っ込める。すると食道嚢が下に向かって弾み、膨張した素肌のパッチが大きな楕円形の膨らみとなる。そして前方と後方に向けて、四度目となる翼のストロークが行われる。

九番目の動作では、頭が完全に隠れるほど首の羽毛の中に素早く引っ込められ、食道嚢が満杯になることで、皮膚パッチが外側に向けて力強く膨張し、半球型になり、後方に向けて五度目となる翼のストロークが行われる。ここで食道に閉じ込められた空気への圧力が急激に解き放たれ、頭が上がり、正常な位置に移動する。空気の排出によって爆発音が二度鳴る。静かな午後であれば、一マイル〔約一・六キロメートル〕離れていても聴こえるほどである。一〇番目の、そして最後の動作では、頭が最初の位置に戻る。首の白い羽毛は素肌部分を覆うように閉じられ、ディスプレイ開始時のスタンスに戻る。(17)

これは古典的なダンスである。動作が保持され、突然変化する点と、爆発的な発声という点において、日本の歌舞伎に見られるツルやサギのダンスや発声と同種のものである。とはいえパフォーマーたちは、このダンスにそれぞれ独自のスタイルを与え、ステップを変化させる。また異なる競技場には、異なる伝統が存在する。たとえば古典的なダンスでは、気嚢の爆発的な圧縮は二度行われるが、コロラド州のガニソン郡では八度行われる。ダンスは極度に激しいものとなり、恒温動物が通常維持可能なエネルギーを最大限に消費する。

数週間の間、パフォーマーたちは互いの前で踊りながら、徐々にランク付けし合う。トップ・パフォーマーたちの踊りは戦闘を伴うが、それは様式化された武術的動作である。挑戦者が、しゃがれ声で脅すような叫び声を上げながら、別の雄鶏に向かって突撃する。しばしば翼による打撃がほんの数回交わされる。対戦者同士がもっと互角の場合には、両者は並んで立ち、交叉し、一フィート〔約三〇センチ〕かそれ以上距離をとって、胴体や、翼や、尾を興奮してかさかさ鳴らしながら、しゃがれ声の挑戦を素早く繰り返す。突然、片方がもう片方を翼で打ち叩く。叩かれた方は、打撃をかわし、あるいは受け流して、攻撃に転じるかもしれない。まれに片方がもう片方の頭頂部をくちばしで取り押さえながら、片方の翼で、大きな音を立てて打ちつけることもあるが、たいていの場合、闘いがそこまで極端にエスカレートする前に、何度か打撃を交わした後でどちらかの競争者がゆっくりと引き下がる。

競技場の中央は、威信が最も高まる場所である。最終的には、最も見事なパフォーマーがその場を占めることになる。そして主なライバルが隣接した区画を占め、儀仗兵として、三から六羽の主役級のパフォーマーたちがその二羽の周りを取り囲む。

二、三週間遅れて、メスたちが到着し始める。空からやって来て、着地し、競技場までは歩いて行く。集まっている四〇〇羽の踊り手たちの間を練り歩きながら、印象的なパフォーマンスを行っている踊り手の近くに立ち止まる。数日経るうちに、メスたちは達人級の雄鶏の方に自然に引き寄せられていく。するとこの雄鶏は、自分の踊りを眺める五〇から七〇の崇拝者たちを従えることになる。その踊りは最も技巧的で、最も激しく、そして最も頻度の高いものとなる。ファンたちは、ある種の発声と、そこに含まれるある種の休止とを、特別に賛美する。それらは、ダンスの中に特殊な動作を添える。明らかに、最も熟練したパフォーマーだけが、激しい振り付けでダンスをしながら、この特別なコンビネーションを実現することができる。[18] 最も多く賛美されたパフォーマーに、メスたちは性的な寵愛を授ける。注意深く観察していると、一つの競技場に集まる四〇〇羽のパフォーマーたちのうち、四羽の達人的踊り手が、七四パーセントのメスからの寵愛を勝ち取っていた。そして他の雄鶏たちのほとんどは、二月下旬から六月中旬まで踊り続けながら、たった一つの寵愛も得ることができないのである。

いったん恋人を選んで交尾すると、雌鳥は飛び去ってしまい、巣を作って一六個ほどの卵を産み、一匹で子育てする。雄鶏は父親であることを認めず、何らかの仕方で雌鳥を支えることもしない。雄鶏たちは、フルタイムの職業的パフォーマーなのだ。パフォーマンス・アーティストたちは家事労働から完全に解放され、栄光に満ちた人生を送っているのだ、と考えることもできる。実際、生まれてくる子供たちの中でオスが非常に優勢であるということが、いったいどうして起きるというのか。ある調査員が数えたところ、三〇〇羽のキジオライチョウの雄鶏が、八〇羽の雌鳥に対して存在していたのである。[19]

ジョルジュ・バタイユは一個のエロス論を創始し、性淘汰の中で進化し、なおも進化しつつあるような、「派手な」とか「魅惑的な」といった、エロティックな色気の特性を規定している。[20] エロティックな美しさは、さまざまな怪物じみた形の中で、燃えるように鮮やかな色彩をひけらかす。数多くの異様な飾りが、目立つ場所にねじ込まれている。とさか、肉垂、鬣襟、襟首の毛、襟毛、垂れ尾、蹴爪《けづめ》、翼やくちばしの上のこぶ、薄く色付いた口元、奇妙なほどに凝った形の尾、膀胱、鮮明な色をした素肌のパッチ、長く伸びた羽根、明るい色合いの足首や脚など。姿勢や動作はときとして妙で、大げさで、常ならざるものとなる。ディスプレイはほとんどいつも美しい。そしていつも必ず衝撃的だ。[21]

古典的な美しさが示すものは、競技者の力や身のこなしであり、倫理的な態度を物質化しているとカントが認めていた人間的な美しさの理想であったが、エロティックな色気や儀式が、表現するというよりはむしろ、視界の外に逸らしてしまうのは、オルガスム的な自棄の中でカオス的に身体的液体を解放することである。とさか、先端の尖った尾羽、絹のような羽根や、衣装に施された数々の意匠などは、身体における生理学的機能の分節性を完全に無視している。遠くから、離れて、外に向けて行われる色気に満ちたディスプレイと、接触し、貫通する性的器官との間には緊張関係があり、パフォーマンスはこれを維持しているのである。

このような自己抑制的な展示は見物人を興奮させるものである、とバタイユは論じている。距離がもたらす緊張関係が、エロティックな色気とオルガスム的な解放とを両方とも駆動するが、極限でその距離は侵犯され、その色気は侵害されてしまうのである。

　バタイユの侵犯という考えは、霊妙な聖なる美しさと、それによって誘い出され、刺激される性的暴力、つまり彼が冒涜、不浄、汚濁とみなしているような性的暴力とを、両極的なものとして措定するものである。性交に際して四つんばいの姿勢で自分自身をさらけ出すとき、女性はそれに嫌悪を感じるが、同時に、その姿勢に眩暈《めまい》がするほど引きつけられてもいる。自分より身体が大きく、力強く、さらに攻撃的な華やかさの点で選別された男性に対して膝を屈することによって、マルグリット・デュラスに言わせると、「絞殺や、強姦や、虐待や、数々の侮辱や、憎悪の叫びや、死に至るほど全面的な感情の爆発が誘い出される[22]」。色気に魅惑されて行き着くのは、熱い吐息、愛液、精液、そして血でできたぬかるみである。

　バタイユのエロティックな侵犯という考えは、オルガスムにおける身体の分解状態、それによる液体やエネルギーの解放、そしてすり減らされ、焼尽したオルガスム的な身体といったものに依拠しすぎている[23]。オルガスム的解放の快楽の中にバタイユが見ているのは、眩暈がするような死の魅力である。しかしながら、実のところ色気に満ちた者たちにとってみると、装飾活動を維持することやパフォーマンスを行うことは、実際の性的オルガスムに比べて、はるかに身をすり減らすものである。ディスプレイする個体がそれに対して自分をさらけ出している危険に、バタイユは十分な注意を払っていない。個体が殺されるのはほとんどの場合、痴情犯罪である。名声を得た者がいればジャッカルはその跡をつけ、ハゲタカはその上空を旋回する。雌鳥たちが迷彩色を身にまとうのは、理由なきことではないのだ。成長したキジオライチョウの雄鶏の年間死亡率は、だいたい五〇パーセントを推移している。[24] 眩暈がするような死へと近づく瞬間は、エロティックなパフォーマンスの側にあるのであって、その結果もたらされるオルガスムのうちにあるわけではないのである。

バタイユのエロス論は、彼が属する時代、彼が属する性別、そして彼が属する種が持っている先入観によって形作られている。ヨーロッパにおける色気は騎士たちによって発明されたのだと説明する場合でも、バタイユはこの色気というものを、何よりも女性たちが持つ要素として思い描き、男性による賞賛の対象として存在するものとして想定している。色気が、異性間の競争の中で発達してきたことを見逃しているのだ。バタイユはまた、エロティックな美しさに見られる、自己性欲的な特徴を見逃している。キジオライチョウの雄鶏の大多数は、来る年も来る年も競技場に集合しながら、誰からも性的寵愛を受け取ることがない。スペクタクルに身を投じるパフォーマーとは、自分に対するスペクタクルなのである。儀式的な動作や曲芸の中で、雄鶏たちの姿勢維持的図式が自己イメージのようなものを生み出す。雄鶏たちは、自分がどれだけ色気に満ちているかを知っている。他の雄鶏たちの前で数週間パフォーマンスしながら、競技場の中心が自分のものであるかそうでないかを知る。雄鶏たちにとって、華やかさとは快楽であり、そして生きることなのである。

パフォーマンス・アートとインスタレーション

オーストラリアの南部から中東部にかけて広がる森の中では、アオアズマヤドリがパフォーマンスしている。オスの背中の羽根は、青紫色や深紅色や青色にきらめいている。メスはくすんだ緑色をしており、クリーム色をした腹部には無数の暗い三日月模様が浮かんでいる。オスもメスも、青く輝く眼を持っている。オスは小枝や茎や葉や根を掃除して、小さな空き地を作る。他のオスが選ぶ場所からは、一〇〇ヤード〔約九〇メートル〕も離れているだろう。次に、掃除した場所に、細かい小枝や草でできたマットを敷き、その片側に、南北方向に向けて、小枝を垂直に刺してできた並木道——小枝の壁に囲まれた、幅五インチ〔約一二センチ〕の通り道——を作る。両側の壁の高さはだいたい一二インチ〔約三〇センチ〕、厚さは四インチ〔約一〇センチ〕で、東屋《あずまや》に向かってアーチ型に整えられている。

並木道の北側の入り口の前には、最初は淡い黄色や鮮やかな黄色の葉でできたマットが敷かれているが、オスはその上に、さまざまな物品のコレクションをディスプレイする。それは青いオウムの羽毛であったり、青い花々であったり、ブルー・ベリーであったり、青っぽい昆虫であったり、青いガラス製品の破片であったり、青い瀬戸物の欠片であったり、青いボタンであったりする。オスは、自分のコレクションが日光のスポットライトを浴びるように、葉の上の枝を取り除く。物品のコレクションは、毎日注意深く点検される。もしも花がしおれたり、ベリーが干からびたりして、物品のうちのいずれかが夜のうちに退色してしまったら、それらは舞台から遠く離れたゴミ捨て場に捨てられる。

モリソン＝スコット〔一九〇八—九一。イギリスの動物学者〕が、アオアズマヤドリにさまざまな色の付いた物品を三四〇種類見せたところ、ヤグルマソウの青色とレモンの黄色が断然好まれることを発見した。珍しい物品が重宝されるのだ。あるアオアズマヤドリがディスプレイ用のパティオに置いていたのは、青い羽毛が一七本、青いガラスの欠片が三四個、青い袋が八つ、青いマッチ箱が一〇個、青いステート・エクスプレス〔煙草の銘柄〕の箱が一個、青い封筒が一枚、青いひもが一本、青いビー玉が一個、白地に青で印刷された駐車券が一枚、青いチョコレートの包み紙が四枚、青い招待状が一枚、黄色いかんなくずが八つ、黄緑色のたまねぎの皮が二枚、カタツムリの殻が八個、繭が一個、セミの抜け殻が六個、たくさんの青色や黄緑色の花々などであり、それらが無数の黄緑色の葉（主に鋸歯を持ったバンクシアの葉）の上に広げて並べられていた。

一羽のアオアズマヤドリが、自分の東屋を塗装している。ブルー・ベリーやプラム、緑色のゼニゴケ類、あるいは木炭を探し出し、材料を粉状にすりつぶして、サルビアと混ぜ合わせる。一片の樹皮を柔らかいスポンジ状のくさびにすり込んで、この濃く輝く塗料を内壁に塗りつける。強い雨が降ると塗料は流れ落ちてしまうので、頻繁に塗り直さなければならないだろう。

アオアズマヤドリは、五月以降に東屋を作り始める。雌鳥も訪れ始めるが、一〇月、一一月になるまで交配は行われない。メスが東屋を訪れると、その所有者は耳障りな音の一斉射撃を食らわせ、まるで怒っているかのように、自分がディスプレイした物品をそこら中に放り出す。東屋は、彼の最も貴重な所有物なのだ。彼はそれを献身的に世話し、良い状態に整備してきた。ときには、それを飾る品々を求めて遠くまで飛んでいった。自分の財産を傷つけたり持ち去ったりするかもしれない侵入者から、東屋を守ってきた。だから当然、訪問者を警戒しているのだ。したがってオスの求愛行動は、大騒ぎすることから始まる。その間メスは慎重に、オスとの間に東屋の壁を挟みながら、オスが落ち着くのをじっと待ち続ける。これには数十分かかることもある。

パフォーマンスは、夜明けに予定されている。最初の、最も長いパート（パフォーマンス全体の長さの四分の三に相当）は、いろいろな発声のコンサートで、歌い手は小さな木の背後に隠れながらパフォーマンスする。歌はアオアズマヤドリ自身のものだが、ワライカワセミの鳴き声（最初の二小節だけ）、モズの鳴き声、キバタンの叫び声、クロオウムの叫び声と混ぜ合わされている。その音詩には、モズガラスの叫び声や、カササギの叫び声、あるいはコアラの独特なうなり声なども含まれることがある。マダラニワシドリは、ワシや、タカや、モズや、カササギの叫び声や鳴き声、そして家飼いのネコが悲しげに鳴く声を模倣する。あるマダラニワシドリは、ヒツジが鉄線のフェンスを潜り抜けていくときに鳴らす音を再現した。くちばしの縁に歯状突起をもつネコドリは、熱帯地方の数多くの鳥の音色をまねる練達のヴィルトゥオーゾである。鳥につかまったセミがブーンと鳴く声や、蛇に捕らえられたカエルの苦しみに満ちた鳴き声を瓜二つに模倣しているのを聴いた人もいる。[25] それぞれのニワシドリの歌は、彼らの東屋や、芸術品のコレクションと同様に個性的である。

ここで突然歌い手が、見えるところに飛び込んできて、パフォーマンスの演目が始まる。観客であるメスは、東屋の中の所定の位置にいる。オスはディスプレイ競技場の上に位置を定め、ブーンという奇妙な音を立てながら、色の付いた物品を一つ選ぶ。青い眼を見開きながら、尾の羽毛を扇状に広げ、短く鋭い動作で尾や翼をびしっと振り始める。頭は低い位置に保たれ、首は伸びており、まるで威嚇するようなスタンスである。移動するたびに、羽根がきらめき、日光のスポットライトを浴びてぱっと輝く。身体をこわばらせ、ディスプレイ競技場を跳びはねたり、跳び上がったりしながら、まずはこの物品、次はあの物品とつまみ上げる。メスは、時どきごろごろと軽く喉を鳴らしたり、オスの動きがとりわけ激しい場合などは、びくっと小さく飛び上がったりする。オスはメスに向かい合うこともないし、メスに物品を贈るということもない。ところがメスが突然東屋を出て行くと、オスはすぐにディスプレイするのを止め、メスが戻ってくるまで呼び求め始める。

ラウターバッハ〔一八六四―一九三七。ドイツの生物学者〕が観察したアズマヤドリは、並木道の両端に、通りを横切るような壁を作り、壁の中に無数の小さな玉石を織り込んだ。また、赤色や淡い灰色の物品を集め、東屋内部の離れた場所にそれらを置いた。あるチャバラニワシドリは、薄い緑色のベリーを集め、それらを東屋の正面と内壁に配置した。あるオオニワシドリは、白い物品を集めて巨大な山を作り、それを並木道の正面に設置し、白い物品の両側に、薄い緑色の物品を配置した。ある蒐集家のディスプレイ用ステージをよく見ると、千を超える小さな白骨と、白い玉石や小石、そして白い蛇の抜け殻が含まれていた。緑色のガラス片が見つかると、それらは東屋の入り口や内側に広げて並べられた。(26)

クイーンズランドの庭師は、たった九・五インチ〔約二四センチ〕しかない体長にもかかわらず、九フィート〔約二・七メートル〕もの高さになる、橋で繋がれた二基のピラミッド状建築物を作り上げ、その内壁を薄い灰色のコケ、地衣類、シダ類、花々、幾房ものベリーで装飾する。花々は、真っ直ぐ立てられている。W・S・デイ〔生没年不明。イギリスの医師〕は、鳥が集めたランを一本さかさまにした。するとこの鳥は戻ってくるなりわめき散らし、大騒ぎし、花を元の位置に置き直したのだ。次の日に別の花をさかさまにすると、この鳥は再びそれを正しく据えつけたという。あるアカエボシニワシドリは、一本の若木の幹の周りをコケのついた数本の小枝でいっぱいにする。そしてこの「メイポール」の周りに、直径二、三フィート〔約六〇―九〇センチ〕のドーム型のパビリオンを作り上げ、それをセメントで固めて防水加工し、生きたランで覆い尽くす。パビリオンの床は、木性シダの幹から剥がしてきた黒っぽい繊維でできたマットで覆われ、その上に鮮やかな黄色い花々、たくさんの緋色や鮮やかな青色のベリー、黄緑色の葉、ふじ色の昆虫などが配置された。

あるチャイロニワシドリは、長さ八フィート〔約二・四メートル〕、幅六フィート〔約一・八メートル〕、高さ四・五フィート〔約一・四メートル〕のドーム型パビリオンを作り上げる。パビリオンの正面にはコケの庭が敷かれ、その上には花々や果物などが載っている。S・ディロン・リプリー〔一九一三―二〇〇一。アメリカ合衆国の鳥類学者〕は、そうした庭の一つに、ピンク色のベゴニアや小さな黄色い花や赤いランを落としてみた。すると庭師は、戻ってくるなりすぐさま黄色い花を脇に放り投げた。いくらかためらい、たくさんうなずいたり、観察したり、尾をびしっと振ったりした後、ベゴニアもまた捨て去られた。赤いランには当惑し、それを花々や果物が積み上がった山から別の山に運んだりして、それに適した山を探そうとした。そして最後に、何本かのピンク色の花々の上にそれを麗々しく置いたのだった。

ニワシドリは、六歳頃になるまで性的に成熟しない。彼らは長い青春期に、自分たちの東屋から大人たちを観察することに多くの時間を割く。初期の建築物は初歩的なものにすぎない。ただ実践を積み重ねることによって、東屋を建てたり、装飾したりすることに上達していくのだ。東屋を建てる鳥たちは、互いに頻繁にスパイし合うが、交戦に及ぶことはない。ただし彼らは互いのコレクションから物品を盗み合ったり、ライバルがいない隙にその東屋を破壊することに勤《いそ》しんだりする。ニワシドリのメスは、その地域の東屋をすべて訪れ、最後に、最も上手に建設され、最もきれいに装飾された東屋を選び出す。とりわけ評価の対象となるのは、数あるコレクションの中でも、奇抜で物珍しい装飾的物品である。また、優れて創造的な模倣を歌に織り込む歌い手がひいきされる。

選ばれしトップ・パフォーマーと愛を交わした後、メスは去り、巣を作り、卵を孵化させ、子にエサをやるといった仕事をすべて、子の父親のことなど顧みずにやってのける。巣は、木々の高いところに作られた底の浅いボールである。母親がエサやりを完全に行う必要から、卵は一つか二つだけしか置かれていない。父親は東屋の世話を続けてそれを美しく保っているが、その後の数ヵ月間はその中で発声したり、ダンスしたりしている。子供が成長すると、オスは東屋を離れ、次の観劇シーズンまで群れをなして蒐集活動をする。

（A・J・マーシャル〔一九一一―六七。オーストラリアの動物学者・鳥類学者〕はこう書いている。）私はこれまで議論してきた行動現象のいずれに対しても功利主義的な基盤を認めてきたが、暫定的にとはいえ、ニワシドリが美的感覚を持っていることを否定する理由はまったくない。とはいえ、この点は強調せねばならないが、今までのところそれが真実だという具体的な証拠は何もない。確かに何羽かのニワシドリは、私たちが見ても美しい物品をディスプレイのために選択している。さらに彼らは、花が萎れればそれを捨てるし、果物が腐ればそれを捨てるし、羽毛が泥まみれになって退色してしまえばそれを捨てる。とはいえ思い出さねばならないのは、そうした品物がどれほど美しいものであろうと、それらは依然としてその鳥の遺伝形質や生理機能に従って、おそらくは衝動的に選び出されたものだということである。（……）私たちが最もよく知る種においては、選択は機械的になされている。そして見たところ、過去にかくも数多くの空想的な記述を刺激してきた、その他の奇妙な活動についても同様である。（……）もちろん、ニワシドリは、（……）彼らが遂行するような発声活動や建築活動やその他の活動に、喜びを感じているわけではないなどと言おうとすることは、問題にもならない。しかしそうした喜びが、人間的喜びと多くの共通点を持っているのかどうか、同じような気晴らしに結びついたものなのかどうか、そうした点はなおも証明されねばならないのである。(27)

古代インドですでにそうであったように、ルネサンス時代にテクストが書かれたのは、美しい声楽作品や建築形式を同定するためであった。一八世紀になると、美的なものの規則が明瞭になり、美的趣味の本性や目的や機能が定式化された。そしてこの規則は、科学に準ずるような理論にならんがため、建築や絵画やダンスのためのさまざまな規範を生み出した。しばらくすると、美的なものは隠喩的で情緒的な語彙の中で定式化されるようになった。こうした美学理論は、インドの寺院や、マヤの石碑や、アフリカやポリネシアのフェティッシュなどが有している形式や構造に、最初のうち嫌悪感を覚えていた。しかし二〇世紀の芸術家たちは頻繁に美学的規範を否認したし、パトロンや蒐集家たちが彼らの作品に対する趣味を決定した。美学理論はこの趣味を認め、同様に、中国や、ナスカや、ヒッタイトや、マオリの「儀式的物品」を作った者たちの趣味を認めるようになり、こうした物品は美術品の地位にまで昇進したのである。

文化研究の研究者たちは、美的ではない環境因子を調査することで、こうしたさまざまな趣味を説明しようと模索した。たとえば、宗教的イデオロギー、政治的野望、政治的勝利など。たとえば、経済的需要、経済的目的など。たとえば、心理的欲望、心理的願望、無意識的葛藤など。すると美的な快楽は、自らのあり方を体系的に欺かれた快楽なのだとでもいうのだろうか。エロス論は一般的な美学理論から離れて、性淘汰の中で進化し、今も進化しつつあるような、「派手な」とか「魅惑的な」といった、エロティックな色気の特性を規定しようとする。しかしながらエロス論は、一般的な美学理論と同様に、エロティックな快楽は自らが好むものについて何も知らないのではないかという疑念に悩まされている。

進化論生物学的な言説の枠内で執筆しながら、A・J・マーシャルは、ニワシドリたちが発声活動や建築活動に見出す快楽の彼方に、ある目的性を設定している。すなわち、自らの遺伝子を繁殖させよという命法である。それでもなお不可解なのは、この命法を守ることが、快楽によって増進されるわけではないという点である。ニワシドリのオスは、メスが作った巣を訪れることもなければ、自分の子を見ることに快楽を感じるということもないのだ。それでは、騎士やジャクソン・ポロックはどうだろうか。彼らは、美しくさえあれば、大勢の異なる女性と交わり、疑いなくそこに快楽を見出すだろう。しかしオルレアンや、ロワール渓谷を通過し、ピッツバーグや、クリーヴランドや、カンザスシティーや、ブルックリンなどをドライブするとき、彼らは自分によく似た息子たちや娘たちと出会うことに、意識的な快楽を期待したりするだろうか？

ヨーロッパの騎士たちの男性的な色気が、日本の侍たちの男性的な色気とかくも異なっているのは、なぜなのだろうか？ メスの性淘汰を経て、四二種のフウチョウのうち三三種が、高い襟首の毛や、わき腹の羽根でできた腰当てや、頭に生えた六本の触角のような硬直した羽毛や、細長く曲がった針金状の尾などを進化させてきたのは、なぜなのだろうか？ アオフウチョウが、さかさまにぶら下がってディスプレイするのは、なぜなのだろうか？ 日本の歌舞伎役者がオグロヅルのように踊るのは、なぜなのだろうか？ サンバの踊り子が、ダチョウやクジャクの羽根付きの細身のドレスで着飾るのは、なぜなのだろうか？ キジオライチョウが、ダンスの中に特殊な動作を添えるようなある種の発声と、そこに含まれるある種の休止とを賞賛するのは、なぜなのだろうか？ニワシドリが東屋を建てるのは、なぜなのだろうか？ 実のところ、情欲が美しさを求めるのは、なぜなのだろうか？ 「快楽のため」という答えは、何にも還元し得ない美的快楽なるものを認めるように強いるものだが、それが「私の遺伝子を繁殖させるため」という答えよりも説得的ではないのは、いったいなぜなのだろうか？

どう感じるか、どう見えるか

彼女はどこにいるのか。彼女がいるのは、骨と、分泌腺と、静脈と、動脈と、神経線維と、筋肉と、血液と、胆汁でできた、このぎっしり詰まった塊りの中である。炭素化合物と、ミネラルと、塩分と、微量金属と、コロイド状の水分やゼリー状の水分からなる、この塊りの中である。彼女は、彼女の感覚が、ある場所に実存している。

自分の身体が普通に機能しているとき、彼女がそれについて持つ内的な感覚は曖昧で、淀んだものである。テレビでは生化学者や、解剖学者や、生理学者たちが、彼女の皮膚の下で行われている、実に複雑で興味深い活動の数々を示してくれている。しかし栄養素を積んだ血液が微細な管に注ぎ込まれるとき、あるいは電荷が樹枝状突起を上に下にと移動するときに、彼女が実際に、興奮が駆け巡ったり、不安が小波のように生じたりするのを感じることはない。彼女が毎朝呼び覚ますもの、そこにあると直ちに認めるものは、はっきりとしない淀んだ感覚に他ならない。このおかげで彼女は、まだ自分が自分自身であることを感じ、身体というこの柔らかで膠《こう》質の物質の中にいることを感じることができるのである。

彼女が練習して、自転車に乗ったり、タイプ入力したり、あるいはポンチプレス機を操作したりできるようになると、収縮したり弛緩したりした筋肉の連鎖がいくつか滑らかになり、効率的になる。タイプライターや、自転車や、車や、ポンチプレス機は、それが正しく機能しているうちは注意を引くことがない。彼女の身体が技能を獲得すると、努力しているという感覚は減少する。滑らかで効率的だという感覚さえ、消えていく。彼女の身体の中の運動回路が、適切で効果的なものになればなるほど、それらはますます注意を引くことがなくなるのだ。

就業時間が進行するにつれて――コンピューターにタイプ入力したり、工場の組み立てラインでポンチプレス機を操作したりしながら――、淀んだ感覚が無感情や退屈に変化していく。その日の仕事は、無気力な気分の中で終わることになる。自分の胴体や四肢の負荷を支えきれず、この麻痺状態を押しやって動かすこともできずに、彼女はソファーに深く沈み込む。グラスにワインを注ぐ。それで本当に気分が高まるわけではない――身体を脱ぎ捨てて軽やかに漂うというわけではない。そうではなくて、体内の感覚の大部分、この重く停滞した感覚の大部分が消え去っていくのだ。

彼女の身体そのものであるような、曖昧で淀んだ帯域のうちで、いくつかの内的感覚が際立ってくる。飢えや渇き、冷たさや熱さ、そして疲労。こうした食欲や不快感を世話していると、満足感が訪れる。暖かさと快適さのうちでリラックスし、食べ物や飲み物の風味を味わうことによって、彼女の身体は濃密な実体を持っているという感覚に満たされる——生命の光に安らぎを与える港になったような感覚。

ほどなくして彼女は、極上の気分を感じる。込み入った動作が、事物に向かって押し寄せ、突き刺すような動きに変わっていく。実体性が弛緩し、張りつめて緊張しているときに感じていた、身体の内奥の線がぼやける。自分の身体を、じっくり探ってみる。谷や傾斜の感覚が、快楽を生み出す。刺すような痛みや、静電気や、痙攣などどこにもない。寝椅子にゆったりと身を横たえながら、彼女の眼は環境との直接的な接触をもはや失っている。彼女と、他人と、事物との間には、彼女のお腹と太ももが作り出す小さな山々が横たわっている。

カーヴィング・ナイフ〔取り分け用の大型ナイフ〕がするりと切り込んできたとき、彼女は身を貫くような痛みを感じたが、外科医のメスには何も感じなかった。何日間かは、麻酔のせいで、貧血のときみたいに足元がふらつくことになったが。その一方で彼女は、自分の身体の上に抹消されたような領域があることを発見した。神経線維が切断された場所である。転んで片脚を怪我した後、病院のベッドで眼を覚ましたとき、堅く膨れあがった脚を目の前にして、彼女は発作的な嫌悪と恐怖を感じ、ベッドカバーの下に頭を突っ込んだ。その脚は彼女の内的感覚から断ち切られていた。彼女はそれを、自分の外側に置かれている、まだ生暖かい死んだ肉塊のように感じた。他人の死体との物理的な接触がどのようなものかを感じるはるか以前に、彼女は、見知らぬ死んだものとなった自分の四肢の一部との接触が生じさせる、うねるような反発感を感じてしまったのだ。

外科手術を、手や、とりわけ顔に施すことによって、彼女はさらに奇妙な仕方で、自分が占めている空間から断ち切られることになる。手術を受けている最中の手をぎゅっと握っても、いかなる内的感覚も呼び起こされない。顔の横の方を揉んでみる。ぎゅうぎゅうに詰まった家具の中の詰め物みたいな感じ。以前は、他人を世話してその人の注意を自分に引き寄せたいと思うことや、好奇心や、面白さや、如才なさや、親切といったものは、たんに心に思い浮かべただけの状態ではなかった。それらは彼女の顔や手に現れるダイアグラムであり、肉体と血液の中で形成されるダイアグラムだったのだ。今や誰かの注意を引きたいという欲望や好奇心や感情的なうねりは、彼女の顔という実体の背後ですべて黙らされ、押し殺されているように感じられる。

病い――細菌感染やウイルス感染、分泌腺の機能不全、神経障害など――は、ちゃんと場所を特定することができるが、病いがもたらす感覚には場所がない。彼女は、あらゆる発意や努力の感覚を持っているが、身体という停滞した実体にはまり込んでいる。読書したり、テレビを観たりしようとしても、彼女の眼はくすんでいる。それらを止めて寝ようとすると、まぶたの裏に、ざらついたり粘ついたりした熱いしこりを感じる。口や、腋の下や、胸や、湿った皮膚に、すっぱくて吐き気がするような味や臭いがする。

歳のせいで彼女は、動こうという決意や願望の裏で、自分の動作がぐずぐずしているのを感じている。自分の欲望や衝動が、不活発な胴体や四肢の中にどんどん沈みこんでいくのを感じている。

皮膚がどこかに隠れてしまったような感じだ。皮膚を撫でても、もはや赤みが差して、かつてのような濃厚な快楽が生じることもない。歳を取るということは、病いのような感じだ——朝に振り払うのがいよいよ難しくなっていく疲れのような、内奥に広がる霧のような感じだ。

彼女の身体の毛穴や穴隙《けつげき》は、しきりに分泌液や排出物を発散する。しかし表面も内側も傷ついているせいで、彼女の肉体は汚物になりつつある。咳をして、痰を吐き出す。傷からは、膿が分泌される。むかしパタゴニアで犬に咬まれたことがある。傷はかさぶたで覆われた。そして六週間後、ベネズエラでその傷は感染した。その日の夕方にシャワーを浴びていたときには何も気付かなかったが、感染症は夜陰に乗じて猛威をふるったのだった。彼女は、自分が深い麻痺状態から眼を覚まそうと奮闘しているのを感じた。すると室内の一片の腐った肉塊が発する、脂っぽく汚れた悪臭で部屋が充満していることに気付いた。ベッドから飛び起きると、その腐った肉塊が自分の脚であることが分かった。それまでも、死んだ人が棺に横たえられていたり、死んだ猫とか死んだ鳥が芝生の上に横たえられているのを見たことはあったし、物言わぬ死骸に平静さを感じたり、ときには超自然的な静謐さを感じたりしたこともあった。今、彼女は一個の死骸を目の前にして、恐れと嫌悪を感じ始めている。その光景が彼女に与えているのは、崩壊の予兆であり、肉体的腐敗の予兆であって、その腐敗はベッドを汚し、大地を胆汁で汚し、大気を悪臭で汚染している。その光景が思い出させるのは、自分の身体の中で悪臭を放つ感染を目の前にして、彼女が感じた恐れや不快感である。その感染の中で、彼女は始めて、分解しながら悪臭を放つ死体に変わりつつある死骸の臭いを嗅ぎ、それを目にしたのだった。

その後で、サンパウロにいる栄養不良の浮浪児や、ニューヨークにいる年寄りのホームレスを目にしたとき、彼女は別の反発感を感じた。このときにいたるまで、彼女はうんざりしながらこう考えていた。彼らは虚弱な気分や消耗した気分に苦しんでいるのであり、彼らは麻痺するほどにずきずきと痛むような飢えを感じ、不潔な汚れによる惨めさを感じ、夜な夜な寝るためにコンクリートの上に敷いた段ボール箱だけを感じているのだ。しかし今になって、彼らの脚に浮かぶ痣や、彼らの腕に刻まれた切り傷に気付いてみると、感染症によって悪臭を放つ血液の病いや、自分が浸っているように感じた胸が悪くなるような異臭が、一体となって彼女のもとに戻ってきた。暗い路地で、浮浪児やホームレスたちが汚れた壁にだらりと寄りかかっているのを見ているとき、彼女は彼らの身体が汚物になっていくのを感じ、その臭いを嗅いでいる。

ときにはまた、自分の身体についての曖昧で淀んだ感覚が変化して、うねるような横溢感が生じることがある。何らかのスイッチが入り、新陳代謝が高速回転する。彼女の動作は勢いを増し、作業に必要な程度を超え、それを燃焼するためのエネルギーが足りなくなるほどに膨らんでいく。彼女は春の嵐の中でくるくると回り、ダンスする。土曜日、彼女は町を飛び出して、山道が続く限りどこまでも、もっと遠くまで、もっと高い所まで行けるように感じる。夏の雷雨に襲われて、彼女は笑いながら、山道を流れるように駆け下りていく。彼女が自分からなだめようとしないかぎり、この有頂天状態は陶酔的になり、それがもたらす大胆な雰囲気や行動は抑えがたくなっていく。

彼女は毎日、夜のうちに付いた皺や垢を洗い落とし、髪を整え、清潔で自分に似合った服を着る。髪の毛のカールが情熱的にきらめく影を作り、瞳の色が澄んで輝いているようなとき、時どき自分でもはっとして、濫費に身を任せているように思う。彼女は、自分以外の動物たちの肉体が分泌した華やかさを見る。たとえば牡蠣の真珠や、蚕が紡ぐシルクや、キジの羽根といったもの。彼女は、それらを自分に移植する。光沢のある色気が、身体を横切って広がっていく。彼女は、フウチョウや、蝶や、コーラルフィッシュのように、その色気に中毒性を見出す。ふと気が付くと彼女は、眼に歌を浮かべ、メロディーに乗って、胴体や、脚や、指先を動かしながら、庭園や通りを見渡している。

宙に向けて、パンチやキックを繰り出す。突然の衝動が、彼女の身体を、そのとき公園に立っていた友人に叩きつける。彼女は、熱く爆発する筋肉的快楽を感じた。筋肉に包み込まれたエネルギーや、筋肉の実体性に興味をそそられた。ジムに通って鉄の重りのついた鋼のバーを握ると、筋肉が膨張して堅くなるのを感じた。

私たちの文明も晩年を迎え、産業は機械化し、ロボット化され、戦争もまた自動化されている。その中で、力強い筋肉組織が必要とされることはもうない。歩兵隊の場合ですら、大事なのは我慢強さであって、筋肉組織の嵩や輪郭ではないということに彼女は気付くだろう。身体を作り上げること［ボディビル］は、スポーツの一種ではない。スポーツにおいては、いろいろな活動を遂行するための技能や精度が競われる。ボディビルを擁護する人たちは、それは芸術なのだと言う——

それも装飾的な芸術ではなく、たとえば彫刻のような、現実に迫る芸術である。文化評論家たちは、それは女性のイメージを変化させ、女性の地位を変更するための戦略なのだと言う――つまり権限獲得運動であり、政治活動なのである。しかし実のところ、彼女がジムに通い続けた理由は、自分が芸術家であるとか、政治的闘士であることを発見したからではない。彼女は、成長し続ける筋肉――可能なすべての筋肉を最大限に成長させること――に魅せられたのだ。獲得した筋肉を、どの用途に割り当てるかなどと気にすることはない。彼女は自分の過剰な筋肉を眺め、撫で回し、その中で赤く燃え上がる快楽を感じている。

社会学者ならば、彼女が感じている筋肉組織の魅惑を、文化的イメージが持つ中毒性の力と説明しようとするだろう。たとえばペリクレス時代〔前五世紀頃。アテナイの全盛期とされる〕以来、芸術家たち〔ポリュクレイトスなど〕は数多くの巨大な身体の上に美的栄光を押し広げてきたし、彫刻家たちは、筋骨隆々とした男性を象ったブロンズ像の中に政治的な権力や指導力を表現してきたではないか。しかし本当のところはといえば、筋肉組織に対する中毒性は、彼女自身の身体の中にその源を有している。男性的な丈夫さというイメージに囲まれて圧迫されることに憤りを感じたり、物理的攻撃を受けてねじ伏せられたりすることに恐怖を感じたりして、自分の虚弱さについて自己嫌悪に陥ることもあるが、彼女がジムや筋肉に対して感じている中毒性は、快楽から発するものである。

ジムに行った最初の日に彼女が目にしたのは、バーベルや、ダンベルや、マシーンを使ってさまざまな身体的部位〔body part〕をトレーニングするやり方であった。次の日、彼女は全身に疲れを感じた。自分の身体的な実体性の内部に、痛みの断層線や、網状組織や、薄板を感じた。彼女の身体は、彼女がそれまで存在していると思っていなかったような筋肉システムの内部で、輪郭をなしているのだった。上腕二頭筋や、三角筋や、腹筋に注意を集中し、負荷がかかったバーを持ち上げて筋肉を消耗させてトレーニングしていると、今では内奥の裂け目の中に、沸騰するような爽快感を伴わずにはいられないような、生々しい感覚が現れてくる。時どき、旅行に行ったり、休暇で出かけたり、調子が悪かったり、たんに別の興味に流されたりして、一週間か一ヵ月間、ジムを休むときがあるが、ジムに復帰すると、その翌日には、長く編み込まれた筋肉が織り成す内奥の解剖学的ダイアグラムが、焼けつくような痛みで引きつっているのを感じるのである。

力が注入され圧縮される感覚や、刺すような緊張の感覚が押し寄せてきて、彼女の感覚器官や、身体に開いた穴隙を祭り上げる。以前は、眼・耳・鼻孔・口などは、頭部の表面に開いた穴みたいなものだと感じていたが、今や彼女は、背中や首の力の収縮が眼球を持ち上げるのを感じている。胴体の軸の移動によって耳が左右に動き、轟々と音を立てる高速道路から森へと横切るのを感じている。かつて腕や指は感覚器官であって、事物の柔らかさやごわつき、滑らかさや粘つきを記録する触角であったが、今や上腕二頭筋が指を伸ばし、三頭筋がそれを持ち上げることで、事物の硬さや重さが分かったり、降り注ぐ日光や風が遮断されたりするのだと感じている。かつて肛門は肉体の奥に隠されており、しゃがんで老廃物を排泄するときにだけ露わになるものだと感じていたが、今や誇らしげに弾み上がる臀部の中にそれが祭り上げられ、そのリズムが身体に流れるメロディーを作り出すのを感じている。かつて秘めやかな部分が下腹部にあり、太ももの幅で半分覆われていると感じていたが、今や腹部の横隔膜が発する力を感じ、太ももの湾曲がヴァギナの中で脈打つのを感じている。

日々、そのつど全力で注入されるこうした横溢感の中に混ぜ込まれているのは、ある勝利の気分である。それはたんにバーベルの無機質な負荷を乗り越えて、さらなる負荷を加えるという感覚ではない。自分の筋肉組織が膨張して、より正確に分節化されるとき、そこにあるのは病いや老衰による崩壊に対する勝利の味わいであり、外科手術でできた傷痕や、機能障害や、あるいは脂肪に対する勝利の味わいである——目下の戦闘に勝ったのであって、戦争に勝ったわけではないが。歓喜に満ちた勝利の気分とは、彼女が今かつてないほど遠くまで進んでおり、掛け金はますます高いものになっているという感覚である。

負傷すると、まず酷使された肉体に痛みが溢れ、そして硬い肉塊のような無表情と無感情が満ち渡る。前に進もうとする衝動によって、無理やり腱が引っ張られたり、筋肉が引き裂かれたりして、外科手術を必要とするような負傷にいたる。身体の表面上のあらゆる場所に開いている毛穴の背後に潜んでいるマクロファージ〔白血球の一種。体内に入ってきた細菌やウイルスを消化分解する働きを持つ〕や、T細胞〔後天的に形成される獲得免疫のシステムにおいて中心的な役割を持つ細胞。マクロファージに指令を発する〕の目に見えない塊りに、いつの間にか裂け目ができて、そこから病いや感染症が静かに身体に入り込んでくる。ウイルスや感染症は消耗状態の中で増幅する。そこから回復しようと、電解質の飲み物、プロテインや炭水化物サプリメント、ビタミンやミネラルなどを量り分けているうちに、彼女はそれらの存在に気付き始める。トレーニングを続けてみて、彼女は自分自身の分泌物や汗でできた刺激性のマッサージオイルの中で、官能的に悶え苦しむ。そのオイルが菌類を活性化させたり、菌類に栄養を与えたりする前に、手でこすり落とし、シャワーで流す。しばらくして、汚れてしまった服を着ながら、彼女は早くも死んだ皮膚細胞や身体的液体〔body fluid〕が放つ腐敗臭を嗅いでいる——死が放つ異臭を嗅いでいる。

彼女は、他のスポーツ・ウーマンに打ち勝つ勝利の喜びを求めているわけではない。それでも、内奥の敵を征服するというスリルが、日々トレーニングするという欲求を養っている。彼女がそれを感じるのは、ジムの階段を駆け下りているときであり、通りを闊歩しているときであり、あるいは自分の仕事しているときである。どんなときでも、何か実際的な作業のために腕を伸ばす一方で、彼女は上腕二頭筋を動かし、手首の筋肉を引き締めて膨らませる。椅子から降りるときには、胴体を硬くして広げる。こうした過剰なまでの豊かさが、光りを放つ。それはさらけ出され、誇示されるものでもある。筋肉の横溢感は、恐れや、臆病さや、恥ずかしさといった引っ込み思案な気分を、どれほどまでに根こそぎにしてくれることだろう!

彼女が否応なく感じているのは、自分の身体が、ペルシアの高級娼婦や、〔日本の〕芸者や、太陽王に仕える美女集団や、ファッション・モデルのように、すらりと消えてしまいそうな形態に向かって流れていっているわけではないということである。ヴィーナスや、シャクティや、観音菩薩のような霊的な形態へと変身しつつあるというわけでもないし、地母神や聖母マリアのような、身を守り、養ってくれるような形態へと成熟しつつあるわけでもない。それでも彼女は、どうしても自分が美しいと感じざるをえないし、主権性や、安楽さや、尽きせぬエネルギーの豊かさに輝く動物的美しさによって、ますます美しくなっていると感じざるをえない。本当に彼女の美しさは、控えめであるどころか厚かましいほどのものであり、性差を隔てるラインを踏み越えている。彼女の美しさには何かしら悪魔的なところがあり、この上なく悩ましい倒錯を仄めかすものである。彼女が勝利とともに自分の身体の位置を定めるとき、そこにあるのは天使の理想が色あせて表現されたものなどではなく、ふしだらで冒涜的な華やかさなのである。

マンボウや、トンボや、ヒョウや、ワシなどに対して、私たちは抑えがたい魅惑を感じながら眼を見開く。彼らの自然的身体はけっして卑猥ではないのに、彼らの行為はときに卑猥なことがある。私たちはまごつきながら、ヘラジカや、ライオンや、ヒクイドリや、アシカについて語る。スリルを感じたからなどと言い訳せずに、私たちはグレイハウンドや、競走馬や、闘牛の黒い雄牛や、サバンナのチーターなどの力強い筋肉組織をじっと見つめる。ところが私たちの倫理学は、かくも広範囲にわたる語彙を作り出してきたにもかかわらず、女性が、孤高の猛獣のように優美に、力強く均整の取れた筋肉組織を用いて動こうとする衝動を、美点とはみなしてこなかったのだ。

道徳観というものは、功徳——つまり、努力や労働によって獲得されるものや、そのうえ何らかの利益に適うようなもの——を識別するように設定されている。当然ながら彼女は、自分の筋肉組織の膨張や、輪郭や、均整を誇りに思いつつ、それに対応する年月の長さや、自ら進んで課した負荷の量が物質化されているのを見ているのである。髪の毛やデザイナーブランドのイブニングドレスの美しさと違い、その際立った筋肉はすべて彼女が自分で獲得したものだ。ところがこうした努力は、遺伝的な性質と競い合うものだし、遺伝的なプログラムが運命や限界をなしていることが、努力によって休みなく明らかにされ続けるものである。ジムにおける努力や、決意や、忍耐だけが、彼女の身体を、自然に運命付けられている以上のものにするのではあるが、フィジカルな華やかさを目指すことは、彼女の遺伝的体質が稀有な幸運に恵まれていることを出発点としてのみ可能となるのだ。気分がよいと感じることは、彼女の知性と決断がもたらす成果である。しかし、彼女の知識は魔術――宿命や運命についての高まった感覚――に結び付いている。気分がよさそうに見えるということは、自分の遺伝的体質の印であるが、この体質は非常に確率の低いさまざまな偶然の結果なのだ。

だから道徳観は、ボディビルダーの態度や気分の中にある何か疑わしいものを見つけ出すのにちょうどよい。彼女が肉体的な栄光の中で味わう横溢感や勝利による快楽は、道徳的な満足ではない。それが礼賛しているのは、努力・功徳・規則・服従の世界、つまり道徳的世界の中に置かれた彼女の存在や身体ではなく、むしろ幸運の世界の中に置かれた彼女の存在や身体である。それは、道徳とは無関係な、好運の宇宙を礼賛するものなのである。ちょうどプーマの力強い優美さを眺めているときのように、彼女が見ているのは百万もの遺伝的偶然がもたらす計算できないほど巨大な成果なのであり、だからこそ彼女は畏敬の念を抱きながら、自分のフィジカルな華やかさを眺めるのである。

私たちは、自分たちの心――目覚めていて、知覚したり思考したりする自分たちの心――の所在が、頭部にあるとみなすようになっている。私たちは、頭（脳）を使って観察し、判断し、評価し、決定する。眼や、鼻や、耳は、頭部に直接固定されており、つまり心に固定されているのではないだろうか。もちろん、私たちは手の指や足のつま先など、身体の表面すべてを使って、手触りや、温度や、圧力を感じたり（観察し、判断し、評価したり）もする。私たちは、エネルギーのうねりと身体のリズムによって、観察し、判断し、評価するのだ。急に部屋に飛び込んできて、私たちに向けて何かを言っている誰かのことを理解するということは、たんに彼の言葉を解読し、その概念的意味を把握するということではない。それは何よりもまず、言葉の調子や強度やリズムを捉えることである――不安なのか、怯えているのか、激怒しているのか、大喜びなのか、不審なのか、探りを入れているのか。こうした最も基礎的レベルの理解能力の所在は、古代ギリシア人やヒンドゥー教徒がそう考えたように、胸や、心臓や、肺ということになるだろう。

平均的なチベット人が行う瞑想訓練は、自我の所在を移動させることである。自我とは短期的で一時的な自己同一性であり、動きつつある観点である。自分の手を見るとき、私は自分の所在を眼に置いている。そして私は自分の所在を手に移動させ、そこから自分のことを見下ろす眼や顔を眺め、感じ、探るのである。瞑想の師が私に教えてくれたのは、肺に移行して、そこから自分を囲む肋骨を見て感じることであり、外部にある手や頭を見て感じることである。そうした手や頭は、私が空気を出したり入れたりするポンプ運動によって、駆動されているのである。

日中オフィスや工場で、問題を解決するために頭を働かせているとき、私たちが自我の所在を、頭に、つまり眼の背後、両耳の間に置いているとしても、夜にはこの所在地は移動している。私たちが見るどの夢にも、眼や、唇や、顎や、歯や拳《こぶし》が出演しているのではないだろうか？　夢に出てくる雲や、山や、湖や、建物のイメージはすべて、身体的部位の核となるイメージを展開したり、パリンプセスト〔書かれた文字を消し、別の文字を上書きした羊皮紙の文書〕の中にそれらを含んでいたりするように思えないだろうか？　夢の中では、洞窟が顎になったり、眼が星になったりしないだろうか？　青光りするような夢の幻影は、ペニスとヴァギナの上で揺らめいているとフロイトは確信していたが、眼や、顎や、拳も同じように私たちの夢の核であり源泉なのである。眠る身体から私たちの心が離れ、幻影肢を生み出し、眼や顎やペニスやヴァギナを生み出すというわけではない。夢を見るということの本質は掻き乱されることであり、いやらしく、オルガスム的であること、変身しつつあること、放出しつつあることである。私たちの心ではなく、私たちの眼や、唇や、顎や、歯や、拳や、太ももや、ペニスや、クリトリスや、そしてヴァギナがさまざまなイメージを生み出しているのだ。それらのものが、夢を見ているのだ。夢が始まるそのとき、自我が頭蓋骨から移動し、分断された諸器官へと向かっていくのである。

私たちの身体は、絶え間なく自らを視覚化している。心理学者たちは「身体イメージ」について研究してきた——それは、私たちの身体が自らについて持つ準視覚的な感覚であるが、必ずしも身体の客観的な大きさや形と一致するものではない——が、それはつまり、私たちの身体について他者が行うような知覚である。たとえば切断手術を受けた人は幻影肢を持つし、拒食症患者は太った自分自身を見ている。私たちの身体についての準視覚的な感覚を生み出しているのは、心の中にある、かつての活力を失った視覚化能力か何かではなく、身体の姿勢維持的なダイアグラム〔実際の行動に関する描象的な見取図〕である。身体は怒りの中で自らが硬直するのを感じ、またそれを見るともなく見る。貪欲の中でしゃがみ込み、身を引き締め、驚きや驚嘆の中で何かを握った手を開いたり、握った手を放したり、希望や歓喜の中でいろいろな動きを描き出してみたりするのを感じ、またそれを見るともなく見るのだ。外科手術の後で病院から解放された身体は、そのとき強盗に囲まれていることに気付き、全力で腹部を守ろうとする。つまりまだ剥き出しになっている縫合された腹部と、楯となる腕や手に、身体イメージが縮減されているのである。

　ベッドに横たわる身体の四肢は、重力によって定着している。姿勢維持軸はもっぱら眼の方向と焦点に向かって収縮していて、ただ闇夜の中に宙吊りになった不眠症の眼という、準視覚的なイメージを生み出している。性的な興奮が徐々に鎮まって身体が向き直るとき、身体の姿勢維持軸は運動用の四肢を組み立て直し、生殖器は身体イメージの連続性のうちに消え去る。ある身体の自己イメージは、抵抗に出会わないうちは広がっていき、丘の斜面を風とともに駆け下りたり、穏やかな川を泳いで下ったり、両腕を広げてスワン・ダイブしたり、夏の日差しの中をパラグライディングしたりする。このように収縮したり、破片となったり、膨張したりする、私たちの身体についての準視覚的なイメージこそが、私たちそれぞれの身体が広大な日の光の中で見る夢なのである。

トレーニング用のバーベルやダンベルによるエクササイズを続ける間中、彼女は自分自身についての感覚を徐々に、膨らんだ上腕二頭筋、三角筋、太もも、ふくらはぎ、そして腹筋の中に移動させた。それまで彼女は、曖昧で淀んだ自分の身体の上に開かれた自分の眼という窓を通して、外を見ていた。今や、上腕二頭筋や、ふくらはぎや、臀部を彼女が動かすたびごとに、それらが過敏に振動する。それらは感覚器官となったのだ。彼女が周囲の事物——壁や、鏡や、廊下や、通りなど——を見て感じるとき、そうした上腕二頭筋や、太ももや、筋肉が浮かび上がった背中の中に、自己の所在がある。このような振動する筋肉繊維の中にいる自我が、夢を分泌するのであり、夢を分泌せずにはいられないのである。

彼女の脚や、腕や、背中はさらけ出され、力が注入されているが、それらが何かのために利用されることはない。筋肉を満たす力や感覚は、現実と衝突したり、現実に向けて調節されたりはしない。あらゆる仕方で筋肉を鍛えることによって、彼女はオフィスや組み立てラインの外に顔を出し、叙事詩的で英雄的な空間に姿を現したのである。彼女は、家庭生活、器量の良さ、法令遵守、慈悲の心といった障壁や整流を横切って闊歩する。筋肉組織の輪郭や均整のとれた発達は、正しさや公正さの感覚を受肉させる。彼女の身体は、喜びの中で自然を回復するために作り上げられており、あくどい心や、怪物じみた趣味や、野蛮な身体を持った男たちに、いかなる活動の余地も与えないのである。

筋肉質な背中が、彼女の背骨を広げる——それは、春の丘に向かって力の矢を放つ、禅の射手の弓だ。太ももとふくらはぎに打ち上げられて、彼女は海を臨む崖を越え、アフリカの砂漠に住むインパラの群れに突っ込み、ロケットや彗星が飛び交う宇宙空間に飛び出す。両肩が両腕を大きく伸ばし、ワルキューレ〔北欧神話で主神オーディンに仕える乙女。戦死した勇士を天井の宮殿ヴァルハラへ導く存在〕と連れ立って、嵐を呼ぶ雲となってそびえ立つ。心臓はもはや肋骨の壁の後ろに縮こまってはいない。胸筋は胸をしっかり抱えるだけではなく、外に向かって差し出され、子供や、恋人や、小動物や、野生動物を抱きしめて、彼女の心臓の温もりを押しつける。彼女はもう腹部や子宮という洞窟の周りで、腕を折り曲げて身を守ったりはしない。彼女の指はもう昆虫の触角でもなければ、つる植物の巻きひげでもない。拳が固められ、ジムや、家屋や、街にある壁という壁に穴を開け、鋭いかぎ爪を伸ばして、私たちと彼女を一緒に連れ去っていく。

分断

社会的身体

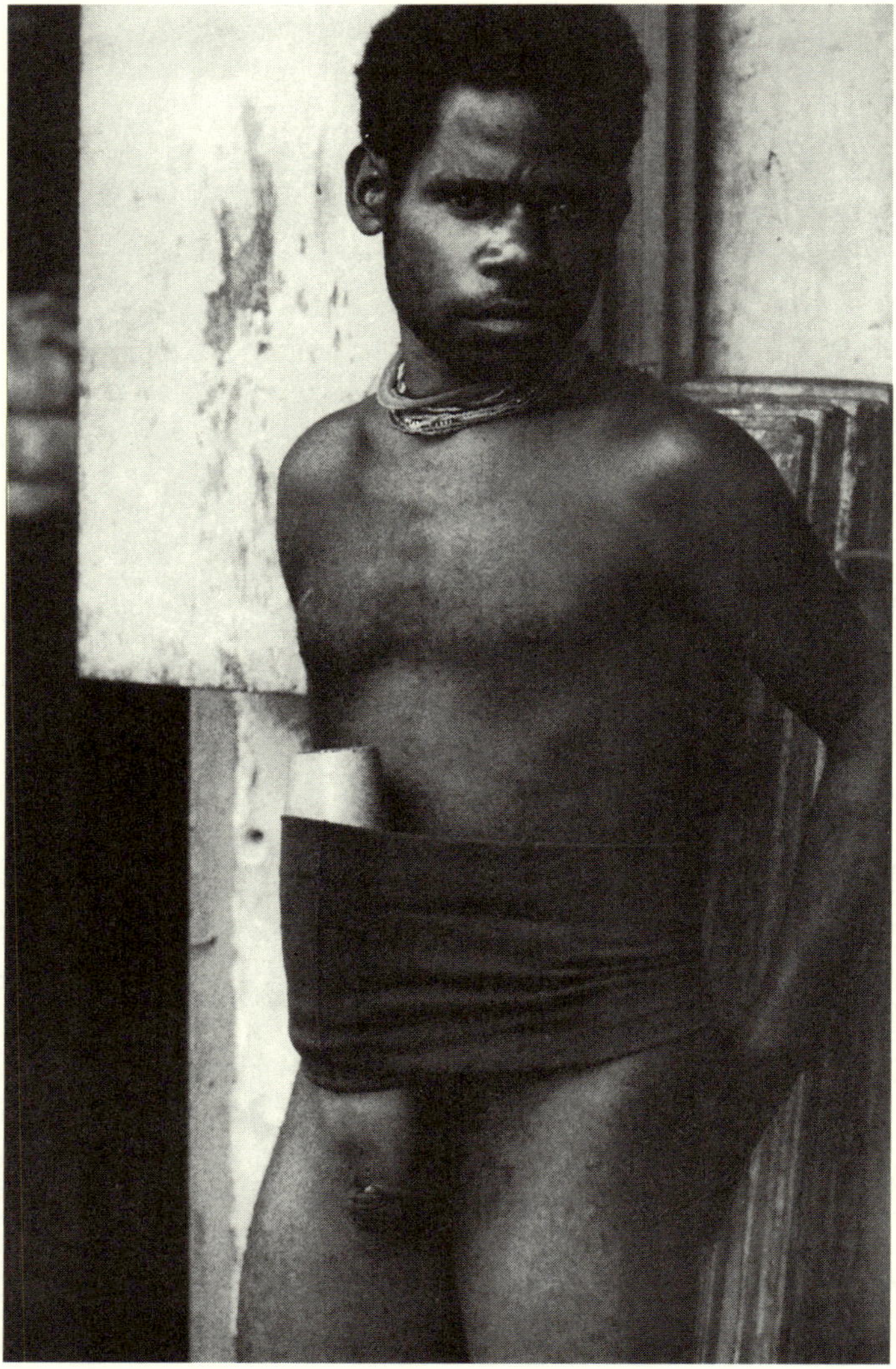

ヒト霊長類の進化は、身体的操作と環境との間にある種の断絶をもたらし、新しい接続を準備した。頭を先にして進む他の哺乳類とは異なり、鼻はもはや環境と直に接触しなくなり、眼は方向を定める器官となった。直立姿勢によって手が地面から離れ、今や眼と同調するようになった。人類が周辺環境を変化させ、再構築し始めると、さまざまな身体的部位や身体的器官が新しい機能を引き受けるようになった。古生物学者のアンドレ・ルロワ＝グーラン〔一九一一―八六。フランス〕は、こうした変化に適合するように、技術の歴史を次のように分割している。人類は最初に、石でナイフや、斧や、砥石を製作して、自分たちの歯をその機能から断ち切った。次に荷物運び用の動物を家畜化し、水力や風力を利用可能にして、自分たちの筋力が持っている機能に置き換えた。最後に時計を発明して、風や、水や、ガソリンや、あるいは電気で動く機械の操作のスイッチを入れたり切ったりするためにそれを使うことで、自分たちの眼が有している監視機能に置き換えたのである。

よく知られているとおり、技術的な発見や発明は、人間同士の連合形式に変化を引き起こした。狩猟採集民の社会は、定住的な農耕民族の間に生まれた社会とは異なる。また焼き畑農業式の経済制度は、神格化された王が支配する階級社会とは異なる。というのも後者は、米の等高線農法や灌漑設備によって農業のやり方を変形させた社会の特徴だからである。そして〔最終的には〕工業化が、封建的社会の解体をもたらすことになった。

しかし最近の歴史家たちは、どうして技術的革新がすでに知られていた地域で、それが受け入れられなかったのか、という問いに頭を悩ませている。どうして南アフリカやオーストラリアでは、動物たちが家畜化されなかったのだろうか？　どうして灌漑設備を備えた米の等高線農法は、インドシナ半島北部や、ジャワ島や、バリ島や、ルソン島から日本にかかるアーチの中でだけ広まったのだろうか？　どうしてポリネシアの『大西洋〔西大西洋〕の遠洋航海者たち』〔ブロニスワフ・マリノフスキの著書〕は世界一周して、諸大陸を跨ぐ帝国を建設しなかったのだろうか？　どうして産業化は、かくも多くの決定的な技術革新を中国から獲得していたヨーロッパの方から、〔逆に〕中国へともたらされたのだろうか？

ジル・ドゥルーズとフェリックス・ガタリによれば、その説明は社会の型に求められねばならない。もっと正確に言えば、特定の型の社会的機械が、余剰エネルギーを生産する身体的部位のいろいろな接続をコード化する（記録し、整流し、規制する）やり方に求めなければならない。(1) 鐙《あぶみ》は軍事的な襲撃に馬を使うことを可能にしたが、それが封建制度を可能にしたわけではない。むしろ封建制度が、鐙を軍事的な目的に使うことを可能にしたのである。神格化された君主たちこそが、灌漑設備を備えた等高線農法による集約的な経済を可能にしたというわけだ[2]。

特定の社会的機械に特徴的な、生産的エネルギーの記録、整流、規制（コード化）は、たんに知的革新の結果ではない。それらは、人間という有機体がつながれた特定の社会的実体の中で生産され、繁殖するものである――もっと正確に言えば、この社会的実体に特定の身体的部位がつながれることによって、その部位が生産力を持つのである。

西洋近代の個人主義は、人類を総称して、統合された有機体として描いた。それは、知性と意志による監視と制御の下で、農耕的、海洋的、軍事的、技術的な革新を行うために必要な技能を行使することができるとされた。まさにこの「工作人〔ホモ・ファベル〕」というイメージこそが、放棄されねばならない。そうすれば、社会的身体とその進化を視野に収めることができる。

啓蒙主義によれば、近代社会の特徴は法による契約という連合形式であり、法とは、個人間の相互交流に対する超越的で、普遍妥当的で、超時間的な枠組みである。契約という考え方は、それぞれの人格を、悟性と意志を行使する自立的な行為者として規定する。貧しさや傷つきやすさのせいで、人間は連合するとされる。人間の身体は、腹をすかせ、渇き、自然の威力や捕食動物にさらされている。こうした欲求や要求が、人間を活動させ、自らの環境を修正するよう駆り立てるのだ。そして人間が効果的に活動するのは、人間の身体が成長しながら四肢や器官を統合し、直接的な満足を延期し、可能性や目標を思い描くために地域を広く見回す限りにおいてである。

こうした成熟化や社会化について、精神分析は一つの説明を提供した。幼児は母親の胸や膝との接触や、自分が撫でている自分の身体との接触に、直接的な満足を見出す。そしてまた幼児は、心の中のイメージにも直接的な満足を見出す。それを現実のものと考え、思考は全知全能なのだと信じているからだ。ところがゆくゆくは父親が介入し、子供を母親から引き離す。接触による満足が禁じられ、去勢するぞと脅される。少年は、母親にペニスが欠けていることに気付き、この脅しを真面目に受け取る。そして彼は、母親の太ももの間に開いた傷口から自分が出てきたこと、自分は母親の身体から引き裂かれた身体的部位なのだということを理解する。

今や少年は、どうして母親が自分を抱き寄せるのか、どうして愛撫し、溺愛するのかを理解する。彼は、自分が母親に欠けたファルスであって、だからこそ彼女の全幅の献身を求めているのだという可能性に気付くのだ。そして彼は、自分に課された禁止に同意することができる。直接的な接触による満足の源泉である自分の本物のペニスを放棄し、その代わりに女性からあらゆる快楽、あらゆる幸福を要求する理想的なファルスとしての生き方を手にするのだ。少年は父親のいた場所を奪うために、父の法を内面化し、父親と同一化する。直接的満足を放棄し、父の法に従い、他者から幸福を要求しながら、子供は社会の中へ入っていくのである。

人類学者たちは、社会についての啓蒙主義的な考え方は最近のもので、自民族中心主義的なものであるとみなしている。ジークムント・フロイトの説明によれば、原始社会の特徴は――労働や秩序だった製造業ではなく――直接的満足であり、全知全能なる思考への信仰、つまり魔術である。そこでは〔心の中の〕イメージとの接触が、満足の実現をもたらすのだ。続く専制的社会においては、男性は父親像と同一化するが、父親の場所を奪い取ることはない。同一化は象徴的であり、それを越えることはない。専制的社会とは、人類の歴史における青年期なのである。

フロイトはまた、幼児的リビドーの一次過程は、直接的満足の禁止や、欲望を法に従わせ、心を現実に従わせることによって抑圧されているものの、排除されているわけではないと信じていた。そうした一次過程は、法に規制された近代社会の中で、大人のリビドー的生活と衝突しながら存続しているのである。幼児は、大人の側に強い感情を引き起こす。それはたんに母親が、幼児のうちに自分の身体の一部を見ているからではなく、直接的な快楽のうちに閉じこもった幼児というものが、自己満足や成就といったもののイメージだからである。大人たちはそれをうらやんでいるものの、欲求に突き動かされ、他者たちから幸福を求めるという、果てしなく広がり続ける終わりなき探究に身を投じているのである。

もしも幼児的リビドーの一次過程が、労働的で法規制的な大人の二次過程を突き上げ、それを突き破るならば、それは一次過程というものが生産し、繁殖するものだからである。原初的リビドーは、不活性的に存続しているわけではない。ドゥルーズ／ガタリによれば、このことは生命や生命のリビドー的力についての考え方を改めることを要求する。すべてが再配置される。有機体は、もはや物質的構造物とはみなされない。物質的構造物の中では、漏洩や蒸発、燃料からエネルギーへの変換を通じて、欲求や欠乏が引き起こされ、それらが有機体を活性化して環境に向かわせ、自分に欠けたものを環境から獲得するように仕向けるとされている。しかしそうではなくて、有機体は、エネルギーを生み出す物質的実体とみなされねばならない。それは、必要分を超過してエネルギーを生産するエンジンなのだ。有機体において、エネルギーは生産され、繁殖し、解き放たれ、消費されるのだ。遺伝学は、無生物における生体システムの発生点に、DNA分子やRNA分子といったコード維持装置を置いている。もしも生命的システムが「機械」と呼ばれうるならば、それはこのシステムが行う操作が、たんにランダムなものではないからである。こうした操作は、コード化されているのであり、もっと言えば、コード化が自らを形成し、自らを維持する所に所在しているのである。

ドゥルーズ／ガタリは、このようなエネルギー発生的身体の中で行われる生産を、三つに区別している。誕生以来、無数の穴隙が隣接する器官に連結し、栄養の流れを吸引する。力強く頬の筋肉を動かして、幼児の口はミルクを吸引し、空気や暖かさを吸い込む。摂取することによって、充実感が生産される。つまり満たされ、満足するのだ。満足とは、たんに内奥の満足感が醸し出す感情ではない。それは力なのだ。幼児の身体は自らの穴隙を閉じ、丸まって、外部の流れに眼と耳を閉ざし、アントナン・アルトーが言うところの「器官なき身体」となる。この未分化で閉ざされた充満〔plenum〕が、生産し、繁殖するのだ〔第一の生産〕。ドゥルーズ／ガタリは、イド〔Id〕、あるいはイドが生産する第一抑圧を、このような身体状態と同一視している。ここで言われている満足とは、死への欲動であるが、それは不活性な静止状態への解体衝動ではなく、一次的な緊張状態なのである。

フロイトは、幼児が満足を越える彼方にまで快楽の表面を広げていく際に、涎を垂れ流すという点に、すでにリビドー的な快楽が見られるとしている。これが、第二の生産である。接続し合うすべての器官は、依存性の逸脱によって、性感的表面の生産に転じることがあるのだ。たとえば口は栄養分を吸引することもあるが、涎を垂れ流したり、がつがつ、ぶつぶつ音を立てたりすることもある。アヌスは排泄物を出すこともあるが、それを暖かさの快楽表面上に広げることもある。このとき諸々の器官は、もはや内奥で機能する身体に導く穴隙として現れるのではなく、むしろ身体という閉ざされた充満の表面につながれた、生産的な器具として現れる。これらの器具が、快楽表面を繰り広げるために、さまざまな形態のもとで倒錯的に機能するのである。

このように繰り広げられた快楽表面は、接触的な表面であって、そこで幼児の顔と母親の胸や、幼児の頬と毛布が一緒になって凸面を形成し、対象の凹面を明らかにする。それは、官能性の表面である――つまり満足の表面ではなく、フロイトが興奮ないし流動的な興奮と呼んだものの表面である。興奮は、厳密には「感覚に訴えるもの」ではない。つまり、センスデータでもなければ、与えられた意味付けや方向付けでもないし、内奥で機能する身体に送られるような情報でもない。興奮とは、小波を立て、光を発し、交叉し、凝縮するエネルギーの流れである。幼児はいろいろな表面を繰り広げながら、その余剰エネルギーの強度を増し、表面についてのさまざまな快楽を発見する。つまり、いろいろな表面を持つ快楽や、外に存在する快楽や、生まれる快楽を発見するのだ。生命がつながっているのは、こうした快楽表面の拡張であり、それは子宮へ帰りたいという衝動や、一次的な死への欲動をブロックするものである。

流動的な興奮は群れ集まり、自分たち自身の強度によって互いに触発し合い、自我を中心とする渦の中に流れ出る。余剰エネルギーが快楽のうちに消費されていく所に、ノマド的で、多様で、一過性の表面自我が形成される——つまり、自我を中心とする渦が形成され、自らを消費するのだ。これが、第三の生産である。

口、眼、耳を閉ざし、拳を握り締めている満ち足りた幼児は、動かずに充実した充満のイメージ、「器官なき身体」のイメージを与えてくれる。フロイトは、赤ん坊の魅力の大部分を、このような閉ざされた個体性によるナルシズム的な光景について、私たちが感じる魅惑に還元しさえした。しかし幼児の身体は、けっして隔離された実体などではない。最初から幼児の身体は、母親や、地母神や、大地と共生している。社会的で物質的な世界のせいで疲れきり、放心し、押しつぶされそうになっている母親と共生しているのである。このつながりの中で動かずに充実している、閉ざされた充満として、幼児の身体は生産し、繁殖することができる。母親の胸や、毛布や、玩具や、道具や、機械に結合されているからこそ、幼時の身体は快楽表面を生産し、自己についての感覚を生産することができる——つまり興奮の放射を生み出すことができるのである。そして、そうした興奮が凝縮し、強度を高め、自我を中心とする渦の中で消費されていくことになる。個別的な実体としての身体が、事後的に他の身体や他の事物との関係に入っていくとされているが、そんなものが現れるのは、私たちの時代の言説や実践の中だけである。個別化された身体的実体などというものは、抽象化や形式化の過程が生み出したものであり、断絶という歴史的過程の残りかすなのである。

幼児は、すでに社会的身体につながっている。そして大人の身体は、社会的身体につながり続けている。社会的な機械装置が操作するのは、本質的には、生命的エネルギーのコード化された流れを社会的充満の上に記録し、整流し、規制するためなのである。

ドゥルーズ／ガタリは、社会的機械装置によるコード化が、生産する身体的部位につながる仕方を次のように区別している。コード化が、狩猟採集社会[3]における大地的身体につながっている場合と、帝国的社会における専制君主的身体につながっている場合と、資本主義社会における資本的身体につながっている場合である。狩猟採集社会では、領土は分割されない。領土上の人間たちが、分割されるのである。大地的身体は未分割な充満として示され、そこに人間たちが生産する器官としてつながっているのだ。社会が領土的であり、大地的なのである。

この場合、誰かが社会に入るのは、市民としての権利や義務を引き受けることによってではない。つまり法的人格としてではない。彼／彼女が社会に入るのは、社会が準備する仕事の配分の中で、ある地位を占めることによってでもなければ、生産的で防衛的な役割を果たすことによってでもない。狩猟採集社会においては、どの大人たちも、男性、または女性の仕事もほとんどすべてこなすのだ。子供が社会に入るのは、イニシエーションによってである。イニシエーションの儀式の中で、子供に印が与えられる。もっと正確に言えば、エネルギーを生産する諸器官や四肢が、別々のものとして印を帯びるのだ。身体的部位にタトゥーが彫られ、切り傷を付けられ、穴を開けられ、割礼が施され、尿道が切開され、クリトリスが切除される。たとえばイリアンジャヤのラニ族は、イニシエーションを受ける者の耳に穴を開けて、ワシの羽根を差すことで、ワシが生息する断崖絶壁への帰属の印とする。カクアプ族の人たちは、鼻孔の隔壁に穴を開けて野生のイノシシの牙を差すことで、密林への帰属の印とする。アズマット族は、耳の隆起部に穴を開けてワニの歯を差すことで、沼地や河川への帰属の印とする。オーストラリアのアボリジニーは、手術を毎月施してペニスの割れ目を切り取り、陰茎根にいたるまで切り開き、女性のようにしゃがんで排尿するようになるのだが、そのことをもって母なる大地という肥沃な身体への帰属の印とする。

神話が語るのはこうした結合についてであり、印を帯びて切り離された生産する器官や四肢についてであり、それらと大地とのつながりについてである。たとえばサティー〔インド神話に登場する女性。シヴァ神の最初の妃。遺体の破片が世界各地に散らばり、その土地の女神として再生したとされる〕は分断され、彼女の身体的部位は大地に落ちる。眼はナイナ・デヴィに落ち、湖となった。舌はジュワーラームキーに落ち、けっして消すことのできない炎となった。胸はヴァジュレシュワリ・デヴィに落ち、平原にそびえ立つ山々となった。髪はカリカ・デヴィに落ち、縞模様の崖となった。印を帯びたシヴァのペニスは大地に落ち、リンガ〔男性器を象った彫像〕となり、鍾乳石となり、川や洞窟や高山に露出した岩となった。

ドゥルーズ／ガタリはこのような考え方を、たとえばクロード・レヴィ＝ストロースに見られるような、社会を交換体系とみなす考え方に対抗させた。社会とは、個人が互いに、女性や、財や、サービスや、メッセージなどを交換し合う程度に応じて作り上げられていくネットワークではないし、贈与と授受の間に遅延が起きた場合に、請求という形をとるような契約義務でもない。狩猟採集社会において、私は誰に対しても何も負うことはない。しかし私はこの領域で生活し、ヒョウ人間のタトゥーによって印を帯び、鼻の隔壁に穴を開けて野生のイノシシの牙を差している者であり、狩りに出た氏族が、野生動物や敵対する人間に攻撃され、野営地を引き上げて別の場所に移動するときには、私には自分と同じような印を帯びているすべての者たちに対する義務が生じる。他者からの返礼として同等のものをもらえないと、私は損失を被ることになるだろうし、自分の生命を危険に晒し、生命を落とす場合すらあるだろう。またある集団が繁殖する必要から、年一回の婚礼祭の間に別の半族に接近するとき、クリトリスを切除されたすべての女性たちは、自らの繁殖する身体を祝宴に差し出し、その半族の男を受け入れる義務がある。

狩猟採集民にとって社会とは、ある身体的器官が特殊な仕方で別の事物に結合する際の規則（つまりコード化）において構成されるものであり、あるいはそうした規則によって構成されるものである。〔第一に、〕声は聴くことに結合している。狩猟採集民の文化は口伝的で、物語的で、叙事詩的な文化なのだ。

ニューギニアの社会では、相互理解不可能な七〇〇もの言語（優に人類が使う言語の三分の一）が話されているが、これまでいかなる帝国建設にも参与することはなかった。こうした社会には、世襲の長や選挙で選ばれた長がいない。そのほとんどは首狩り社会である。首狩りは戦争ではない。戦闘の中で争奪されるのは、領土や、戦利品や、女性などではない。いずれの若者たちも、戦場でもっとも勇敢でスペクタクル的な戦士を殺して、その身体を食べることで、その精霊を体内に取り込もうとする。一人殺してまたさらに殺す者は尊敬されることもないし、集団内で権力を握ることもなく、歪んだ殺人者とみなされる。「大いなる男〔big man〕」が偉大なのは、言語の力と祝宴を組織する能力を持っているからである。祝宴にはいろいろな家族が集まり、絆を再確認し、離れた民族と交流する。大いなる男たちは、並はずれた記憶力と言語的能力を持っていて、何十世代も遡って祖先の名を言うことができるし、民族の歴史や、幸運や、祝宴や、試練などについて、心を奪うような仕方で思い起こし、語り直すことができるのだ。幾晩も続けて聴衆を虜にし続けるこの能力が、大いなる男たちの威信を作り上げている。彼らの言語を習得することは、並はずれて難しい。たんに文法がとてつもなく複雑だからというだけでなく、儀式的で、詩的で、叙事詩的なスタイルが非常に精妙に発達しているからである。すべての人々が同じ言葉を話し、その社会の年代記や叙事詩を聴き続けることによって、一つの社会が構成されることになる。

第二に、手は、刻印的な表面と結合している。狩猟採集社会は、製造する社会ではなく、図表的な社会である。脚は、大地に通り道やダンスを刻印する。手は、洞窟や小屋の壁に刻印したり、小枝を折って通り道の印にしたり、道具を彫ったり、色の付いた繊維を織ってバスケットや衣類のデザインにしたりする。手が技能を習得するのは、取り扱いや操作の意味や方法についての説明を受けたり、ダイアグラムやモデルを示されたりすることによってではない。手は直接的帰納法によって習得する。子供の手は、男性／女性の手の動きを模倣するのだ。印を付けることは、声とは関係ないし、観念的なものを表現しているのでもない。ラニ族の腕章に編み込まれている入り組んだパターンは、ちょうど皮膚の上に彫られた唐草模様のタトゥーがそうであるように、表面上で働く手の巧みさを明らかにしている。通り道の上に見えている足跡は、「ヒョウ」という名前や観念に言及しているのではなく、直接的にそのヒョウとリンクしている。人間の手は、通り道やイニシエーションを受ける者に爪痕を刻印するが、それは「ヒョウ」という名前を発する声に言及しているわけでもなければ、その名前の意味を思い描く心に言及しているのでもなく、むしろイニシエーションした者や観客のうちに、当のヒョウをありありと現前させているのである。

第三に、眼は痛みと結合している。イニシエーションの儀式のうちにもたらされる痛みは、公共的なものであり、劇場的なものである。誰かが見ている。印を付けること、刻印すること、切開すること、割礼すること、尿道を切開すること、クリトリスを切除することには痛みが伴う。「このとき」眼は視界を画定したり、見渡したり、何かをはっきりと理解したりはしない。見る者はたじろぎ、痛みを感じるのだ。マサイ族の若い未婚女性に傷が付けられるとき、午後を徹して何度も茨が差し込まれ、背中を下から上に、規則的なパターンに従って傷が上っていき、太ももに向かって下っていく。他の者たちは見ている。眼は痛みに魅せられている。通過儀礼には、無意味に断食させられたり、男たちがいる暗い家に監禁されたり、殴打されたり、流血したりすることが含まれている。感染や死が引き起こされる。長く続く公共的な祝宴の中で、さまざまな印が付けられるのである。

こうした残酷さ、野蛮さは私たちを不快にするものだが、そこには明らかに集団的な快楽がある。それは私たちを興奮させもする。私たちは『ナショナル・ジオグラフィック』を読む子供であり、植民地開拓者であり、宣教師であって、上記したような痛みの社会によって火を点けられ、土着の侮辱的行為に殴打を浴びせ、苛酷な労働を課し、奴隷制を押しつけることで、すぐさま自分自身の残酷さを満足させるのである。野生人たちの間で長く暮らした者は、残酷な習慣を獲得するものだ。ある宣教師と一週間過ごしたのを思い出す。彼は聖フランチェスコ修道会のメンバーであり、イリアンジャヤに二七年暮らしていた。私は毎朝、彼が建てて働いている診療所の手伝いをした。驚かされ、興味をそそられ、不快に感じ、そして興奮させられたのだが、その宣教師は包帯を荒々しく引き裂くし、ワクチンの予防接種を打つときには、余計に残酷な手つきで子供たちを乱暴に扱い、突き飛ばすのだった。彼の教区で、彼に洗礼とイニシエーションを受けた者たちは、穴を開けられ、傷をつけられ――印を付けられていたのである。

フィンランドとソヴィエト連邦の国境にある、北極海を臨む炭鉱を訪れたとき、若い炭鉱夫が私に炭鉱を紹介しながら、吸い終わった煙草を次々に手の甲の上で消していた。他の若い炭鉱夫たちも全員、手の甲が瘢痕組織で覆われていた。その手を見たとき、私は、発音可能な文字が印されているかのように、それを読んだわけではなかった。「第四七大隊、ベトナム」といった文字が読み取れるタトゥーとは違うのだ。むしろ眼がその手に注がれたとき、私は身がすくみ上がり、燃えさしの煙草が押しつぶされるのを眺め、痛みを感じていたのである。彼らの傷のうちに私が見ていたのは、北極海の縁にある炭鉱にまで北上してきた、燃えるように反抗的な男たちの熱意であり、彼らの手の焼き印は彼らの連帯感を示す紋章として機能していたのである。

今日私たちの間には、さまざまな野生社会——ギャングや、〔カブスカウトの〕パックや、〔フランスの〕ミリュー、そして「社交界」など——がある。それらが互いの間である種の未分化な縄張りを占領し、ある種の業界用語を語り合っている——路地裏のおしゃべり、ドラッグレース用語、そしてハイソな礼儀正さなど。こうした社会は、グラフィティを描いたり、クラブにリムジン用駐車場を設置したりすることで、空間に印を付けている。そして痛みや、タトゥーや、焼き印、あるいは細いヒールや、ジムで作り上げた筋肉組織のコルセットなどによって、そこに属するさまざまな身体的部位に印を付けているのだ。

狩猟採集社会は、野蛮人社会へと形を変えるか、あるいはそこに組み込まれるかする。ここで、コード化の本性が変化する。つまり超コード化という仕方で、あらゆる血縁関係や姻戚関係の線が、専制君主的身体の上に収束するよう仕向けられるのである。生産する器官が、専制君主的身体という閉ざされた充満につなげられ、大地から引き離される。野蛮人の群れは、故郷から離れた土地を侵略する。自己同一性は、自分たちが専制君主の眼や耳、手や脚であることによって保たれる。もはや自分たちの声を聴くこともなければ、自分たちの言語を理解することすらなくなる。

帝国とともに、文字が始まる。それが考案されたのは、次のような用途に用いるためである。軍隊の徴集、生活物資や年貢の取り立て、奴隷の召集。税金の徴収。専売制度や官僚制度の構築。帝国による法制定。王家や帝国の歴史編集など。(4)

狩猟採集民たちが文字を持たなかったのは、器用さが欠けていたせいではない。モパネの木の幹に刻み込まれた爪痕を目にすると、彼らの眼はたじろぐ。そして木の表面組織に刻まれた傷や血液のように流れる樹液を眼で感じ、ヨルバ族のイニシエーションを受けた者の肉体に刻まれた傷や血液へと跳躍するのだ。文字が生まれるのは、図表が声に結びつけられ、すでに語られた言葉についての記号となるときである。こうなると印を見る者は、もはやたじろぐことはない。鑿《のみ》や鏨《たがね》が石や羊皮紙の表面に切り込んでいくとき、眼は切開を見ることはない。眼は刻印された表面の上空を軽やかに通り過ぎていき、石の石目や羊皮紙の組成を見ることも感じることもまったくない。眼が見ているのは言葉なのである。とはいえ言葉というものは、中立的な空虚にぶら下がった平坦なパターンにすぎない。眼は、もはや活動的ではなくなっているのだ。もはや痛みに触れることもなければ、ヒョウへと跳躍することもない。眼は今や受動的であり、ヒョウの上に映し出された、抽象的パターンによって描かれた線を前にしているのである。

このとき文字とは、図表と語られた言葉との結合である。しかしこの結合の中で、声は変形している。かつては声が語り、聞き届けられ、答えを待っていた。その運動は、誰かから誰かへとジグザグに進み、静止や沈黙によって中断されるものだった。今や言葉なるものが存在し、どこにもあるがどこにもない空間の中を直線的に進んでいく。私が紙の上で「ヌエバ・エスパーニャの住民はこれより、一年につきそれぞれ金貨五枚の税金を納めること」という文字列を読むとき、私は声を聴くこともなければ、それに応えることもしない。その代わりに、時間・空間を超えて存在しているこれらの記号の意味に中継されるのである。意味を発している声が聞こえる範囲内にいるか否かに係わらず、私は同じようにメッセージを受け取る。その声は、現在は沈黙して誰のものでもなくなっている。その声は、かつてはこの刻印がこの概念を意味するべしと宣告していたが、今は発話の残響に留まることなく、それを互いに関連し合う一個の記号として受け止めるべしと宣告しているのである。

メッセージを受け取るためには、記号体系としての言語における音素規則、分類規則、統語論的規則、意味論的規則に従わねばならない。ある特定の社会が用いている意味体系や文法――その秩序的コード――から、語の意味を引き出さねばならないのだ。文字が生み出されるのは、図表と声とが結合するときである――このとき声は、どこかに位置づけられた喉から鳴り響いている声ではなく、言葉を発生から引き離す超越的な声である。この遠隔的な声は普遍的理性の声などではなく、むしろある特定の社会的実体の声、つまり帝国の声である。

あなたは、アンデス高地を彷徨っている。石に彫られたり、小屋の板に描かれたりした、ケチュア族の刻印を見ている。そのとき眼に入るのは、石や木という実体が切開され、印付けられている様子であり、石に刻まれたひびや亀裂、木の目や風化して褪せた色などがパターンを形成する様子である。夜になると火を囲む人々のささやきや、柔らかく軽快な音響や、抑揚と沈黙などが耳に入ってくる。ウズラが野原でエサを探し、夜に備えて藪の中に落ち着いて、発声によって連帯感を確認し合っている。魔の森を彷徨《さまよ》うワグナーのジークフリートが魔法の薬を飲んだように、あなたは、マテ茶をコカとウィスキーで割ったカクテルのようなものを飲んだところだ。すると突然、人々の言語が理解できるようになる。今や彼らが「生のコカをコロンビア人の調査官の手に運ぶこと」について話しているのが聴こえる。急に彼らの言葉が、彼らの喉で響いているのではなく、国際的なコードの中に定められた概念的意味を指示するものとして聴こえ始める。このコードを打ち立てたのは国家を跨ぐ市場的で警察的な秩序である。このときコカという語は、それがいつ、どこで、どのように口にされたかに係わらず、つねに同じ事柄――犯罪――を意味することになる。火を囲む人々のささやきから、この意味を引き離すことができるのは、帝国のコードを定める宣告に自らを従わせることによってのみである。すると同時に、自分自身もコードの内側に挿入されることになる。観察者や報告者として指示され、工芸品と偶像、記念品と記憶、写真と、無法者たちの活動についての現場報告を、帝国の首都に持ち帰ることになるのだ。

一緒になってささやき合っている人々について、彼らも自分も法に服することなしに語ろうと望むなら、あるいは部外者として語りかけてくる彼らのことを伝えようと望むなら、絶対に「今使っている」この言葉を発するべきではない。そうなると、他の人たち――あなたと同じ帝国的英語を使っている人たち——は、どうやってあなたの言うことを理解するだろうか？　あなたにできるのは、せいぜい、帝国的なコードの中で、彼らのことをコカイン密売人やテロリストとして語ることだ。しかしまさにそうすることで、言葉が変速装置となり、導火線となる。あなたは他の人たちを共謀者に仕立て上げ、部外者たちや無法者たちが合言葉によって互いを識別するように、帝国的な定型文を合言葉として使うように仕向けることができるのである。

今や全世界に広がっている商業主義の時代において、生産する器官や生産的操作は専制君主的身体から引き離されている。今やそうした器官や操作がつなげられている社会的実体とは、資本である。あらゆる生産が、貨幣的な価値によってコード化されている。貨幣的価値によってコード化され、どんなものでも何かと結合し、交換される。マルクスが見ていたのは、産業資本主義という社会的機械における、人間的身体の分断だったのである。労働者たちが生産的過程と結合するのは、組み立てラインで組み立てる手としてであり、重荷を支える脚や背中としてであり、炉に燃料をくべる腕としてである。支払いを受けるのは、オフィスにいる事務員たちの手や眼である。兵士たちはさまざまな武器に接続された四肢であり、脳や想像力からは断ち切られている。管理者たちは眼であり、心臓からは断ち切られている。産業界の王は計算する脳であり、王族的な趣味や気まぐれからは断ち切られている。産業企業においては、すべてのものが貨幣としてコード化されている。それは無数の部分的器官がつなげられた全体的身体なのである。

マルクスは身体の分断を、疎外という言葉によって概念化した。身体の生産する部位や生産する器官は、市場内部の法によって統治された、より大きな産業的身体につなげられている。マルクスは、自分の身体的部位を自らに帰属させるような統合的人間という観念に訴えているのだ。こうした人間が種として帰属しているのは、経済が統合的な社会的身体に仕えている社会である。ところがドゥルーズ／ガタリによれば、自分自身に帰属する統合的人間という考え方は、資本主義的なコード化の一契機でしかない。それは、コード化されることなく――社会的な再コード化や、整流や、規制を介さずに――流れている実体やエネルギーの流れにも一つの源泉があるはずだ、という考え方である。しかし社会的機械は、さまざまな生産的結合をコード化するだけではなく、それらを断ち切り、自らの実体的でエネルギー的な流れを抽象的なものにしていくものでもあるのだ。

マルクスとフロイトによれば、資本主義において貨幣は文字通り普遍的な仲介者であって、それは生産的結合や生産的社会をもたらすものなのだが、にもかかわらず貨幣はたんに抽象的で数学的な特性しか持たないものであり、紙であるにせよ金であるにせよ、その物質的実体性には価値がないのであって、それは排泄物のようなものなのである。まさに資本主義は、排泄物によって私的個人や統合的人間を生み出しているのではないだろうか。社会的実体から最初に除去された器官は肛門である、とドゥルーズ／ガタリは指摘している。肛門が大地に接続されて機能し、排泄物を腐植土と混ぜ合わせなくなって久しい。今や社会的コード化は、次のように宣告する。身体による排泄物の生産が何の役に立つか考えてみる必要はないし、そのことには何の意味も与えられていない。

そのことは、公の場で語られるべきことではない、と。排泄物の生産は、純粋な残りかすとなったのだ――つまり、意味を持たない抽象的な流れとなったのである。

私的個人という観念は、すべての生産する器官が徐々に断ち切られ、抽象的になりつつある者という観念なのである。資本主義的コード化が生産する身体は、そのような仕方で、何らかの農耕的・海洋的・軍事的・技術的な革新に接続されることを受け入れることになる。

社会の生産的表面が繰り広げられ、技巧を凝らされ、変形するのは、たんに新しい法が制定されることによってではない。むしろいろいろな新企業が、さまざまなメッセージを国際的に交換しようとすることによってである。国家を跨ぐいろいろな会社組織が、シンガポールや、東京や、ブリュッセルなどを通じて資本を移動させることによってである。いろいろな産業を「第三世界」に移し、さまざまな産業財を「第一世界」に移動させることによってである。北朝鮮のスカッドミサイルをイランに、ウクライナのプルトニウムを日本に、フィリピンのメイドをクウェートとイングランドに移動させることによってである。社会の中に存在し続けるということは、自分を再利用するということであり、新しい技能を習得し、生産する手、生産する眼、生産する脳を、ある持ち場から引き離しては、別の持ち場に結合することである。社会的身体が広げられ、横たわり、興奮し、変身する。医療技術者の手が、引き離され、印付けられ、受精済みのラベルを貼られた卵子を、上昇志向のカップルから失業した女性の子宮へと移植している所で。眼が、転移しつつある癌細胞の

CATスキャンや、妊娠音波探知機を見ている所で。子宮内の胎児の中で、遺伝子が継ぎ合わされている所で。クローン豚の器官が摘出され、老人に移植されている所で。中国で処刑されたばかりの囚人の心臓や、肝臓や、腎臓が香港の診療所に急送され、そこに病弱な財政家や、年老いたメディアのスーパースターがリムジンで乗りつけている所で。携帯電話に押しつけられた耳が、別の大陸にいる現場監督や投資仲介人の指示を聞いている所で。自動化し、ロボット化し、サイバネティクス的にプログラム化された産業が手を工芸から引き離し、ボタンを押す作業だけが残され、そのボタンが映し出すさまざまなパターンが、コンピュータ・スクリーン上から跡も残さずに消えていく所で。もはや眼が、誰かの腕や、刀や、銃剣によって切り倒された兵士の苦悶を貪り見ることなく、スクリーンの上で、無人航空機から射出されたスマートミサイルが、格納庫や、兵舎や、工場を粉々にしていくのに釘づけになっている所で。受信機が、物語や叙事詩を語る声ではなく、むしろ情報を、つまり脳の活動のさまざまな断片を組織し、秩序づけるデータを聴き取っている所で。プラスチック製の拳銃が、数百万ドルのジェット機をハイジャックすることを可能にする所で。どこか郊外のスーパーマーケットの中で、注射器を持った手がタイレノール〔頭痛薬〕か何かの瓶にシアン化物を注入し、多国籍企業を倒産させている所で。カラチ〔パキスタン南部の都市〕の高校中退者の脳の中のたった一つのモジュール・セクターが、コンピューター・プログラムにウイルスを打ち込み、米国防総省を機能停止させている所で。ユニフォームを着た技術者の手が、コンピューターのキーボードを叩き、無人航空機から地球の裏側にある工場や街に向けてミサイルが発射されている所で。

芸術の生理学

アポテムネイン――「切り離すこと、切断すること」を意味するギリシア語。フロイトによればオルガスムとは、組み上げられた緊張が急に解放された状態である。ヴァギナの中で収縮や断片的な緊張が起こり、それが続く間中、引き締まって、強まり続け、そして急に遮断される。放出が起きたのだ。ペニスは膨張して硬くなり、そして急に解放され、精液が噴出する。射出が遮断され、ペニスが萎み、縮み、垂れ下がる。

絵を描いたり、曲を作ったり、詩や小説を書いたりするとき、そこには過剰なエネルギーの液体状の流れがある。そして遮断があり、区分化があり、断片化がある。芸術作品は、芸術家から遮断されている。子供が分娩されて自分の脚で歩き回るように、あるいは射精するときのように、芸術家はそれらを放り投げる。絵画は三枚組絵《トリプティーク》に極まるものだ。今日芸術家たちは、自立した名画を描くことはない。彼らが描くのは連作的作品であり、連続的シーンである。画廊や美術館は回顧的に並べるが、私たちがそこに見るのは、画布の中に断片化された芸術家の道程や調査である。どの断片も他の断片によって枠付けられ、遮断されている。詩や歌は節《スタンザ》に極まるものだし、小説は章に極まるものだ。ムカデや条虫類の体節のように、それらは前へ前へと動いていくのである。

人間は自分の身体を飾るし、自分の動きに芸術性を加味したりするが、私たちが作業しているのはやはり、身体の実体性の上に他ならない。芸術性とは、遮断された身体的部位を補うものであると同時に、身体の実体性に切り込み、それを遮断するものでもある。

身体的部位の補綴《ほてつ》と芸術

一人の男性のペニスが遮断される。戦争でも、自動車事故でも、あるいは寝室でも起こることだ。男性/女性が、足首や、脚や、手首や、腕を遮断され、女性の胸が遮断される。機械技師たちが補綴を設計して、自然的身体の調和と均衡、その動きにおけるバランスと身のこなしをどうにか回復しようとする。彼らが行っているのは、非常に古典的な芸術である――つまり、古代ギリシアやルネサンスの芸術である。すべてのアポロン的芸術は補綴的芸術であると、フリードリッヒ・ニーチェは説明している。ホメロスにおける擬人化された神々、そしてペリクレス時代のさまざまな彫像や〔パルテノン神殿の〕フリーズは、人間が自分自身について持っている感覚――自分自身が虚弱であり衰弱しているという感覚――を拡張するように機能した。それによって、人間は自分自身を全体として見ることができるようになったのである。こういった芸術は、完全性や不滅性という聖杯を探究する作業のうちにあったのである――それが求めた美しさは、内奥に崩壊をもたらすバランスの悪さをいっさい持たないがゆえに、不滅の外観を有しているというわけだ。

写真家が私たちの顔の写真を二枚に切り、そのうちの一枚を複製して反転し、残った一枚と合わせる。そこまでしないと、私たちのほとんどは、自分たちの顔の二つの側面が実際には左右対称ではないことにけっして気づかない。最近明らかになったことであるが、文化の違いを超えて、まったくの左右対称に近い顔がより美しいとされている。シマウマの縞模様はそれぞれ異なっているが、片側の縞模様は、もう片方の縞模様と同じである。自然界には、ランダムな斑模様を持つ種はほとんど存在しない。鳥にしても、哺乳動物にしても、あるいは魚にしても、事実上すべての色パターンやデザインは、体のどちらの側面でも同じである。芸術家たちが左右対称性や均衡性を礼賛することは、有機体の本性そのものに、生物学的な由来を持っているのではないだろうか。

余分な身体的部位

補綴的部位の製作に従事する際の工夫や技巧の他に、芸術的な造形力を証明するものは何もないがゆえに、さらなる補綴的部位を追加していくという誘惑は避けがたい。たとえばイカロスのように、翼を追加したり、サテュロスやケンタウロスのように、力強い山羊や馬の後脚を追加したり、オーストラリアのパフォーマンス・アーティストであるステラーク〔一九四六―〕のように、三本目の腕を追加するという誘惑である。しかしながら、自然的身体の持ち分を超過して補綴的な身体的部位を追加するということは、実際には芸術の中だけで行われるのであり、現実の生活の中では行われない。しかも古典的な芸術の中では行われず、むしろ、ホラー映画に見られるような、いささかいかがわしく周縁的な芸術の中で行われるのだ。

　腕や脚を失った子供を見て、不快に感じることはない。私たちはその代わりに、うねるような優しさと心遣いを感じる。私が育った家の近所に、三本脚の犬がいた。気に触るなどとは誰も言わなかった。ところが過剰な身体的部位が誘発するのは、嫌悪の感情にほかならない。ペニスが二本、またはクリトリスが二つ、睾丸が三つ、あるいは胸がいくつもついた身体などは、醜いというだけでなく、忌まわしいものである。ウィリアム・ダークス〔一九一三―七五〕の身体が写った写真をずっと見ていると、私たちの眼は縮み上がってしまう。不完全な寄生的身体がくっついたまま生まれてきた人々の身体と同じように、彼の頭部は不完全な仕方で二つに分かれており、鼻は二つあり、唇は裂け、そして第三の眼が付いている。次に挙げる人たちの身体を抱えて生活することなど、本当のところ、想像するに耐え難い。三本の脚と二本のペニスを持つ、フランク・レンティーニ〔一八八一―一九六六〕。四本の脚と三本の腕を持つ、ベティ・ルー・ウィリアムズ〔一九三二―五三〕。四本の脚と二つのヴァギナを持つ、マートル・コービン〔一八六八―一九二八〕。四本の脚と機能する二本のペニスを持つ、ジャン・バティスタ・ドス・サントス〔一八四三―没年不明〕。胸部から、けっして開かない眼とけっして閉じない口をもった第二の頭が生えている、ラザルス・コロレド〔一六一七―四六頃〕。額から、眼を動かして見ることもできれば、口を開けたり閉じたりすることもできる余分な頭が生えたまま生まれた、パスカル・ピニョン〔一八八九―一九二九〕。

クローン化技術は、子供が生まれるたびに、植物的な脳しか持たないその子供のクローンを生み出す可能性をあからさまにした。クローンは一五歳まで育てられた後で、命を奪われ、急速冷凍され、保存され、子供のものにせよ大人のものにせよ、弱った肝臓、腎臓、心臓などの代わりとなる器官や、切断されたり砕かれたりした指、手、ペニスなどの代わりとなる器官の供給源になるだろう。このような治療過程は、機械的な補綴というファイン・アートに置き換わるものであろう。こうした考えは、口に出してみると、かなりの気持ち悪さを引き起こし、公衆や政治家たちのうちにクローニングに対する警戒心を呼び起こしたが、動物生物学者たちは落ち着いた熱意を持って、クローニングを最高品質のヒツジやウシやニワトリを手にするための鍵とみなしたのである。

人々がぞっとする思いをしたのは、たんにクローンの生命を奪ったうえで、その身体をさまざまな器官のために飼育するという考えに対してだけではなかった。そんなことは、死産した胎児の身体的部位を利用することとそれほど変わりはしない。そしてたんに、この治療過程が富裕層にしか利用可能なものにならないのではないかという、社会的な不安からだけでもなかった。そんな論点は、聖書の時代から正当化されてきたものだ。そうではなくて、あらゆる余分な身体的部位たちが、私たちの身体に接続され、ばたばたと身振り手振りし始めることを、深い冷凍状態の中で待ち受けているということについて、吐き気を催すほどの恐怖が生じているのである。

四肢切断愛好《アポテムノフィリア》

身体的液体の流れだけではなく、身体的部位をも遮断することについて、どう考えればよいだろうか？　それはどのように、性や芸術に接続されているのだろうか？

次に引用する新聞記事が、出発点を与えてくれる。

カリフォルニア州サンディエゴ。無免許の医師が、老齢の患者の稀有な性癖を満たすために、彼の健康な脚を切断し、懲役一五年の判決を受けた。不手際な手術によって、男性は命を落としていた。ジョン・ロナルド・ブラウン（七七）は、性転換手術などの治療を数多く行った際に犯した過失によって一九七七年に医師免許を取り消されるまで、ほぼ三〇年間医師として働いた。カリフォルニア南部で生活しながら、ブラウンは、ちょうどメキシコ国境を渡った場所で、闇手術を行い続けた——免許を持たずに働いた罪によって、三年間獄中で過ごした後にも続けた。ブラウンは一万ドルを受け取り、フィリップ・ボンディなる七九歳のニューヨーク暮らしに、奇妙な切断手術を行った。この男は四肢切断愛好に苦しんでいたのだ。世界でたった二〇〇人ほどしか持っていない性癖であり、四肢を除去することによって性的な満足が駆り立てられるのだ。ボンディの長年の友人であるグレッグ・ファースは、ユング派の精神分析医である。彼はニューヨークからやって来たのだが、サンディエゴでの二週間にわたる裁判において、免罪を認められた上で、次のように証言した。彼とボンディは、自分たちの脚を切断したいという、終生変わらぬ欲望を満たすための最後の頼みとして、ブラウンに接触した。ファース氏自身は昨年、自分の脚を切断するためにブラウンへの支払いを済ませたのだが、外科手術を補佐することになっていたメキシコ人医師が、肉切り包丁を抱えて診療所に入って来たのを見て心変わりした。ところがボンディは、手術を決行することを決心した。自分の左脚が、自分の身体に帰属するものではないと感じたのだ。「辺境にいるときは、辺境にいる医者仲間を誰か探さなければならないのだ」と、ファース氏は説明した。検察官によるとブラウンは、メキシコ風の荒削りな手術によってボンディの左脚の膝から下を「ちょん切って」、証拠隠滅のために切除部分を砂漠に埋めた。ファースの証言によれば、ボンディは外科手術後にブラウンによってサンディエゴ・ホリデイイン・ホテルに運び込まれ、その一室で何度も転んでうろたえながらも、自分の脚を切り離し終えたその晩、「喜んでいた」。二日後、壊疽《えそ》によってボンディは死亡した。裁判所による報告書の中で、保護監察官は次のように述べている。「ブラウン氏は、この件について振り返りながら、『今回の決断はまずかった』と語りました。未来の外科手術を執り行うには、自分はあまりに歳を取りすぎていると感じていたのです(1)」。

ボンディ氏のことを、いったいどうやって理解すればいいのだろう！　自分がやりたいことをやってもいいが、他の人に面倒をかけてはいけないということを、この歳になってもまだ考えない者など、私たちの中にいるだろうか？　何らかの外科手術に向かう者なら誰でもそうであるように、彼は死ぬ危険を承知していた。とはいえ、何にしても彼はすでに七九歳だったのだ。精神療法医のグレッグ・ファースと出会い、彼に相談に乗ってもらったのは、何とも幸いなことだった。ファースは非常によく問題を理解していた――そして解決法を知っていたのだから。

　このニュース記事に出くわしたちょうどその頃、私はバンコクでバスに乗っていた。窓の外を見ていると、松葉杖をついた肢端切断者に眼が止まった。彼はデパートの前に立っていたのだが、少しも哀れな様子ではなかった。タイ人は仏教徒であり、不幸な者に施しをするのだが、見ていると、彼らはいくらかのお金を渡すとき、その者と二言三言の言葉を交わしていた。気がつけば、私はしばしば路地にいるいろいろな肢端切断者に眼を止めていた。たぶん、虚弱性に対する彼らの対処法に興味をそそられているのだ、とでも思い込んでいたのだろう。今にして思うのだが、彼らに眼を止めたのは、彼らに対する羨望ゆえだったのではないだろうか――もしも、奥にしまい込んだ四肢切断愛好が私の中にないのだとすれば。

　とにかく、四肢切断愛好を理解してみよう。とはいえ、精神医学がそれを理解していないことは明らかなのだが。

精神医学

一八八二年以来精神医学は、四肢切断愛好を、スティグマ／適格型の性倒錯的固着〔スティグマを帯びた対象を、適格

〔だとみなして求める欲望のタイプ〕と同定してきた。このタイプの固着においては、肢端切断者であるということに応じて、あるいはそれを条件として、性愛的興奮とオルガスムの促進・達成が引き起こされる。四肢切断愛好者は、自分で仕組んだ切断を実行するか、病院で切断してもらうかすることに固着していることになる。この固着に伴って、一本かそれ以上の四肢を切断してもらおうとする、強迫的な策略が巡らされる。四肢切断愛好者は、自分たちは「障害を持たない身体に閉じ込められた障害者であること」に苦しんでいるのだ、などと言うのだ。

　四肢欠損愛好〔アクロトモフィリア、あるいはアクロトメトフィリア〕は、肢端切断者をパートナーに持つ逆向きの性倒錯状態である。性愛的興奮状態がもたらされるのは、肢端切断者のパートナーを持つこと、肢端切断者を思い浮かべて欲情すること、あるいは切断されていないパートナーが肢端切断者となることを思い浮かべて欲情することによってであり、そうやって性的興奮を得たり、オルガスムを促進・達成したりするのである。四肢欠損愛好者は、四肢を切断されたパートナーの切除部分を見て性的に興奮する。四肢欠損愛好は、切除愛好〔アメロテイシス〕に近い。これは、先天的あるいは切断手術の結果として肢端が欠損した切除部分を、性的に好む状態である。以上のことから、四肢欠損愛好者たちと切除愛好者たちが、四肢切断愛好者たちを取り囲んでいることになる。

　四肢切断愛好は、自己障害愛好〔アウトアバジオフィリア〕に関係している。これは適格／スティグマ型の性的倒錯〔適格な対象に、スティグマを帯びさせるという欲望のタイプ〕であり、手足に障害を持つ者であることに欲情したり、手足が不自由なことを思い浮かべて欲情することに応じて、あるいはそれを条件として、性愛的興奮とオルガスムの促進・達成が引き起こされる。逆向きの性倒錯状態として、障害愛好〔アバジオフィリア〕がある。この場合は、パートナーが手足に障害を持つ者であったり、パートナーの手足が不自由であったりすることに応じて、あるいはそれを条件として、性愛的興奮とオルガスムの促進・達成が引き起こされる。

話し言葉で言うなら、四肢切断愛好者は、〔肢端切断者に〕「なりきる者〔wannabe〕」と呼ばれたり、〔肢端切断者を〕「まねる者〔pretender〕」と呼ばれたりする。四肢欠損愛好者は、〔肢端切断者に〕「はまる者〔devotee〕」と呼ばれる。「はまる者」は「興味の的」〔理想的な肢端切断者〕について語る。

「まねる者」が望むのは、障害をもっていると「感じる」ことである。ある者はインターネットで、どこに行けば、闇市場で流通している長い下肢装具〔リハビリなどで下肢や体幹に装着する器具〕を買うことができるのかと質問する。新しく買った松葉杖で、ショッピング・モールを這いずり回りたいのだ。別の者は言う。「最大の悩みは、麻痺した感じを味わいたいと望んでいることです。それを経験するには、人前で下肢装具や車椅子を使うしかありません」。ドアを重く感じたり、シャワー室を狭く感じたりすることは問題ないと彼は言うが、どうしてわざわざ面倒なことを我慢するのか訊いてもはっきりしない。「分かりません。正真正銘の視力障害を持っているので、そんな風に生活することがどんな感じかは知っています。現在の障害だけで、人と違っているじゃないかと思うでしょう。でも、どういうわけかそうではないのです」。「まねる者」の多くは、子供のときから、片方の脚を縛り上げたり、松葉杖を作ってみたり、家の周りで肢端切断者を模倣してみたりしたことがある。足首を太ももにテープで留めて、松葉杖を突きながら通りを歩き回る者もいる。

これに対して「なりきる者」は、リアルな本物を切望している。新聞記事には、ボンディ氏が四肢切断愛好に「苦しんでいた」と書かれていたが、実際には、四肢切断愛好者たちが苦しんでいるのは、望んでもいない四肢を持つことに対する苛立ちであり、それを遮断することをいとわない外科医が見つからないことに対する苛立ちである。いくつかの医療系雑誌が、自分の脚を遮断したり、撃ち落したりしようとする人々について書いている。ある女性は両足の膝から下を切断したくなり、ドライアイスを脚に乗せて、壊疽を起こさせようとした。四肢切断愛好者のサークルでは有名なある人物は、内奥の痛みと、満たされることのない性的欲望に長年苦しんだ挙げ句、線路に横たわり、前後不覚になるまで酒を飲む決意をした。眼が覚めたとき、彼は肢端切断者になっていた。

「はまる者」は、先天的あるいは切断手術の結果として肢端が欠損した切除部分に対して、性的な興奮を感じる。一八世紀にスウェーデンを治めていたアドルフ・フレデリック王は、七人の情婦を抱えていた。そのうち二人は一つ目で、二人は一本脚で、二人は一本腕で、一人は腕なしであった(2)。

ある調査によれば、「はまる者」の七一パーセントが、「まねる者」であるか「なりきる者」である。リチャード・L・ブルーノ博士によれば、「はまる者」が潜在的な四肢切断愛好者であるということは、肢端切断者と長期的な関係を持ったことがある四肢欠損愛好者が、たったの一三パーセントしかいないという報告によって支持されている。[3]「夢の肢端切断者」を求める肢端欠損愛好者たちの探求は、執拗なものであるが、おおむね失敗するのであり、このことを論じながらG・C・リドル医師は、「ちゃんとした肢端切断者などいないのだ」とコメントしている。実際に関係していくうちに、障害を持つ個人が「リアルな本当の人間」になってしまい、「はまる者」「まねる者」「なりきる者」の欲求をその人物に投影することが難しく、あるいは不可能にさえなるのだ。[4]補綴外科医、歯科矯正医、個人的なケア・アシスタントたちのうち、いったい何人が誰にも言えずにいる四肢切断愛好者なのだろうか。

ウェイクフィールド博士、フランク博士、メイヤーズ博士たち[5]は、障害を持つ者に魅力を感じることを、サディズムや、ボンデージや、同性愛と関連づけた。彼らに言わせれば、肢端切断者の切除部分はペニスに類似しているのであり、それゆえ、より脅迫的でない性的刺激を、潜在的に同性愛的である男性に与えているのである。切除部分とペニスとの類似性は、切断への欲望が、四肢欠損愛好的男性が持っている去勢の恐れに対する「対恐怖解毒剤」なのではないかという可能性にも思いいたらせる――とはいえこの精神医学者たちは、そうした恐れの記録が残っていないことを認めているのだが。もっと最近の調査によると、四肢欠損愛好者たちの中に、同性愛や、サディズムや、ボンデージに対する関心がとりわけ高く見られるということはない。そしてリチャード・L・ブルーノ博士によれば、「切除部分と自分自身のペニスとの間にどんなに類似性があろうと、そのことは患者であるD夫人にとっては個人的な意味をまったく持たない。それは彼女が女性であるからだけでなく、何よりもまず、彼女が装具や松葉杖を持った男性に惹かれているからであり、彼女自身が車椅子を使う者を真似ることに興味を持っているからである。さらに言えば、D夫人は完全なる異性愛者であって、サディズムやボンデージにはまったく興味を持っていないのである[6]」。

断片化された身体

補綴を考案しようと促す衝動は、有機体の形成の基本的水準を私たちに示しているように思えた。この水準に、身体の統合や、左右対称性や、バランスや、釣り合いへと向かう欲動があるのだ。同じように、身体的部位を遮断しようと促すオルガスム的な衝動は、有機体の原初的な水準を示しているのではないだろうか。

原始の単細胞型生命が、最初に有機的組織体の中に広がっていったとき、そこではすべての機能が別々の断片の中にあった。いずれの断片も残りの断片から引き裂かれており、それぞれが動き、栄養物を摂取し、成長し、繁殖するのだ。もとになる全体が死んでも、死骸が残ることはない。ヒトデやタコは、足をしっかり掴まれるとそれを断ち切るが、この場合にはその足は死んでしまう。ヒトデはもろく、あまりにあっさりと足を断ち切ってしまうので、丸ごと掴み上げるのが難しい。カニの中には、捕食者であるカワウソに攻撃される前に、力強い爪でカワウソの肉に掴みかかり、きつく締めつけ、最後に自分と爪を断ち切ってしまう者がいる。多くのトカゲは、捕食者が自分の尻尾に興味を示すなら、それを断ち切って落とす。

チョウチンアンコウは、太平洋の全域、深さ二、三〇〇フィート〔約六〇—九〇メートル〕に生息している、六〇種ほどの深海魚からなる。産まれたばかりのチョウチンアンコウのオスは、非常に大きな管状の眼と巨大な嗅覚器官を持っている。性的な発達は早く進む。メスを見つけると、自分の身体の二五倍ほどの大きさであるにもかかわらず、そのどこか一部に、それ用の小さな歯で食らいつく。大事なのは、メスが呑み込もうとしているときに、それを回避することである。いったん食らいついてつながると、オスの口唇組織がメスの皮膚組織と融合し、オスの栄養器官系が変性する。やがて両者の血流が混ぜ合わさって、用途がなくなったオスの視力が失われる。口があった場所には二つの小さな穴が残され、そこから水が入り、呼吸することができる。オスは寄生生物となったのだ。しかし、どうもメスは何も感じていないらしい。中には、三匹ものオスを養うメスがいることが知られている。

正常な、日常生活の四肢切断愛好

「人類学と異常性」[7]という古典的エッセイにおいて、ルース・ベネディクトは次のように述べている。好戦的性格や、懐疑的性格や、催眠状態に落ち込みたがる傾向など、私たちの〔西洋の〕精神医学において異常なものとして退けられているすべての性格的な特性や衝動に関して、それらに積極的な価値を認めている文化が存在するという証拠が非常にたくさんあるということを、人類学者は知っている、と。とはいえ、そのすべてに積極的な価値を認めることができた文化など、これまでに存在しなかったように思えてならないのだが。

四肢切断愛好は、私たちの精神医学においては病理的なフェティシズムであると指定されているが、日本のヤクザは、組に入るための儀式として指を切り落とすし、〔ママ〕パプア人の女性たちは、去っていった恋人や、配偶者や、子供を刻印するために指を切り落とす。どちらの場合においても、性愛的なものとの関係性は明白である。イタリアでは、去勢によって、女性には不可能なほどに声域が広く、声量も大きい歌手たちが生み出された。一七世紀には、実に四〇〇〇人ほどのカストラートがイタリアにはいて、一八七八年までは、ヴァチカンの聖歌隊で歌っていたのだ。ユダヤ人のコミュニティでは、男子割礼が義務づけられているし、アメリカ合衆国のほとんどすべての少年にとっても、それはありきたりなことである。また女子割礼は、アフリカで広く行われている。今流行の頭部穿孔でボディ・ピアスによって、舌や、乳首や、軟骨の横断面がむき出しになっている。ボディ・ピアスでは、骨の横断面がむき出しになっている。

郊外の主婦たちが、自分たちの子宮摘出手術や盲腸の手術について、あれこれ執拗にしゃべっているのには、何かリビドー的なものがあるのではないだろうか。心理学はこれまでのところ、医者と患者の間の、性愛的な本性をもつ関係性に注意を向けてきた。手術や、身体的部位の除去が、性愛的な満足をもたらすこともありうるのではないだろうか?

リオデジャネイロのコパカバーナ。片方の腕は肩から下を、もう片方の腕は肘から下を切断された若者が、歩道に面したレストランを次々に歩き回りながら、——ナイフを売っている。観光客がナイフやフォークを使って食事しているテーブルに、彼は乗り上がる。観光客たちを怒らせることに、乱暴な快楽を感じているのだ。当時私は、彼はかくも見事に肢端切断を力強さや快楽に転じたのだ、と考えていた。しかし彼は何よりもまず、肢端切断そのものの中に、肢端切断が持つ快楽の可能性を垣間見ていたのではないか。当時私は、彼のずぶとさを羨んでいた。今にして思うのだが、当時私が羨んでいたのは、彼の肢端切断でもあったのではないだろうか。

フロイトは、オルガスムと子作りの間に連続性を設定した。男性／女性にとってオルガスムは、何らかの身体的液体を放出することにおける快楽であり、「享受」である。女性にとってこの快楽の先にあるのは、幼児を押し出し、自分の身体の一部であった胎盤を断ち切るという快楽であり、「享受」である。帝王切開によって分娩された赤ん坊が急速に分泌したエンドルフィンは、純粋な四肢切断愛好の快楽と混ざり合っている。

過食症と拒食症は、四肢切断愛好の換喩《メトニミー》である——見方によって一方が他方の全体になり、部分になる。比喩的な意味において四肢切断愛好であるような行動に、臆病で、矮小化され、偽装された行動や、象徴的な行動や、そしてまた偽善的な行動、プチブル的行動、四肢切断愛好的行動などの群《マルチチユード》れが含まれており、ひげや頭を剃ったり、眉毛を抜いたり、指の爪を咬んだり、かさぶたを突いたり、歯を抜いたままにしておいたり、腸の動きを楽しんだりすることが含まれているというわけだ。

私たちは人間というサルであり、体毛の大部分を失っているが、かつてはそれが私たちの身体を覆い、日の光や寒さから守っていた。私たちはそれを、他の動物たちの獣皮や、植物繊維でできた衣服に置き換えたのだ。互いに性的な興奮を与えようとするとき、私たちはまず色気に満ちた身なりや、宝石や、香水によってわざわざ自分の身体を覆う。興奮が頂点に達するのは、衣服を脱ぎ落すときである。ジョルジュ・バタイユはそうしたことの中に、侵犯への誘いや誘惑を見出したのだった。侵犯という考え方は、人間と動物、聖と俗といった対立関係に基づいて作り出されたものであり、それゆえ自民族中心主義的な先入観を抱え込んでいる。脱衣によって引き起こされる興奮は、むしろ四肢切断的な興奮なのではないだろうか。

芸術において、健全で統合的な身体として明らかにされ、そうしたものとして描き出された裸体について考えてみよう。それが裸であることは自然なことのように見えるし、それがローマの浴場をぶらぶら歩いたり、世紀末風な屋外ピクニックで寛いでいたりする様子を思い描くのは簡単だ。こういう裸体は、性的に興奮させるものではない。〔エドゥアール・マネの〕『草上の昼食』の中の紳士たちは、帽子や上着を脱ごうというそぶりも見せない。服を脱いで裸になることが興奮を誘うのは、自足するために衣服を必要としているような身体が裸になるような場合である。たとえば、黒いジーンズや、革のジャケットや、サングラスによって、自分の身体をバイク乗りの身体に変えている男。重役補佐であるために、パワードレッシングを必要としている女性。チェックのシャツとジーンズを着ているところしか想像できないが、バーに座っている男。彼らが衣服を脱ぎ捨てるとき、彼らは身体的アイデンティティを丸ごと脱ぎ捨てているのである。彼らは皮をむかれ、皮を剥がされているのだ。そこで引き起こされる興奮は、四肢欠損愛的なものである。そしてそれは、似たような衝動、つまり四肢切断的な衝動を引き起こすのである。

身体がベッドか芝生の上に倒れこむ。四肢や身体的部位に広がり、それらをバネのように巻き上げていた姿勢維持軸が、緩くなって分解する。脚はベッドの上に横たわるか、あるいは自立してふらふらと歩き回る。腕がさらけ出されて、触診や愛撫を受ける。手が横たえられる。身体の他の部分と断ち切られ、意のままにならず、ただ重力だけがその位置を定めている。胸や、腹部や、臀部が動いているが、その動きは自ら始まっては、自ら終わる——悪寒、戦慄、痙攣、収縮、そしてくすくす笑いが起きる。オルガスム的身体は、統合性を失っている。身体的部位が断ち切られ、自立して動き出している。

私たち芸術家

私たち芸術家。——女性を愛しているとき、私たちは、すべての女性が従っている嫌悪すべき生理のせいで、たやすく自然に対する憎悪の念を抱く。私たちはこのことについて、丸ごと考えないようにする。しかし、いったんこうした事柄に触れてしまうと、私たちの魂はいわば肩をすくめ、軽蔑を込めて自然を見る。私たちは、侮辱されたように感じるのだ。自然が私たちの所有権を侵害し、さらには最大限に穢《けが》らわしい手つきでそれに触れているように思えてくるのである。それゆえ、私たちは生理学に対していかなる注意を払うことも拒絶し、密かに次のように宣告する。「人間が魂や形式以外の何かであるということについて、私は何も聞きたくない」。すべての恋人たちにとって「人間の皮膚の内側」は、恐ろしく、思考不可能なものであり、神と愛に対する冒涜なのである。[8]

「私たち芸術家」と、ニーチェは言う。私たちは腎臓や、膵臓や、肝臓を省略する――そして芸術家になる。最初から、初めて岩石を彫ったときから、私たちは互いの絵を描く際にいろいろなものを省略してきた。コスケや、ショーヴェや、ラスコーの芸術家たちは、マンモスや、オーロックスや、サイなどの四肢や筋肉組織を、解剖学的な意味で非常に綿密に、正確に描いたが、人間に関しては、棒状の線を引いたのだった。漫画の魅力は、何か顔の特徴や身振りを奇抜なやり方で強調することにあるだけでなく、どれだけのものが省略されているかという点にもある。「写真みたいに本物っぽい」という言葉は、芸術家たちの間では軽蔑的な表現である。

高貴な家庭の御婦人方や、一国を支配する者たちは、代金を支払う余裕があったので、油絵で描かれた。肖像画は、その人物の存命中からすでに家に掛けられた。血液と肉体を持った個人が現にそこにいるというのに、肖像画は何を付け加えるのだろうか？　何も付け加えはしないのだ。肖像画はむしろ、差し引く。歴史的な大画家たちが描く肖像画には、遠近法に従って肉体的な現実が濃密に表現されているが、そこに私たちが認めているのは、二次元的な画布の上の三次元的な錯覚だろうか？　むしろ非常に多くのものが省略されていてもなお、モデルがすぐそこに居合わせているように思えるという点ではないだろうか。片方の耳だけが見えている。肖像画が向きを変えて、もう片方の耳を見せてくれることはないだろう。ときには、顔の片方だけが見えていることがある。しばしば、一本の腕しか描かれていないことがある。ときには、足首も脚も見えていないことがある。どれだけのものが身体から排除されうるか、どれだけのものが本当に欠けてはならないかということは、快楽の秘密の一つたりうるのではないだろうか。寝室の床に落ちた衣服など、なくてもよい。精液の射出など、なくてもよい。私たちはかくも無頓着に、それを遮断したのだ。もう片方の手や、見えていない脚や、三次元的なものなども、なくてよい。そんな気分には、官能的な興奮がある。性的な情熱の炎の中で、自分の耳を切り落とすということは、芸術家であればやってしまう類のことである。

事物が私たちにとってそうではないときに、どうやったら美しく、魅力的で、望ましいものを作ることができるだろうか。ここで、私たちは医者たちから何事かを学ぶことができるだろう。彼らはたとえば苦いものを薄め、ワインに砂糖を加えて混ぜ合わせるのだ。芸術家たちからは、もっと学ぶことができるだろう。彼らは本当に絶え間なく、そのような革新や離れ業をやってのけているのである。事物から離れ去り、もはや細部がほとんど見えない所にまで赴くこと、どうにか見ようとするなら、私たちの眼が多くを付け加えねばならないような所にまで赴くこと。事物を、曲がり角の向こうに見ること。切り取られ、縁取られたものとして見ること。事物同士を、互いに部分的に重なり合うように配置し、ただ建築学的遠近法だけが垣間見えるようにすること。色の付いたガラスや、夕日の光を通して、事物を眺めること。完全に透明なわけではない表面や皮膚で、事物を覆うこと。私たちはこうしたことすべてを芸術家から学ばなければならない。一方で、他の事柄に関しては、彼らより賢明でなければならない。なぜなら、通常は芸術家たちと共にこの繊細な力は終わりを迎えるからであり、芸術が終わるこの場所で生活が始まるからである。だが私たちは、自分の人生についての詩人になることを望む——何よりもまず、もっとも小さく、もっとも日常的な事柄に関して。(9)

芸術家は特別な人間ではない、とエリック・ギル〔一八八二―一九四〇。イギリスの彫刻家・タイポグラファー。アーツ・アンド・クラフト運動に参加〕は述べている。すべての人間が、特別な芸術家なのである。とはいえ、すべての人間は非常に間欠的な存在なのであって、自分の人生を断片化し、ある断片を残りの断片からすっぱり切り取って生きているのである。

外に出て路地を埋める群衆——眼光は鈍く、沈んだ顔で上へ下へととぼとぼ歩き、立ち止まっては互いに挨拶し、つまらない会話を交わすすべての人々——は、どうやって自分の人生についての詩人になるのだろうか。さまざまな断片の間の関係性や、それぞれの断片や全体の意味を見つけ出そうとすべきだというのか。物語か何かを書いて、自分の人生のすべての断片を、始まりと中間と終わりをもった美しいお話の中で一緒に接続しようとすべきだというのか。葬儀では牧師がそうしたお話を描き出し、行き着くところ、その人物が善良で立派な普通の人であること、あるいは今まさに天上の住まいに招き入れられた神の子であることを示すのだ。教会で、牧師がそんなお話を聴かせている人々の眼光は鈍く、顔つきは粗野であり、礼拝が終われば互いに挨拶し、つまらない会話を交わし、路地を上へ下へととぼとぼ歩いていく。

しかしながら、カメラやテープ・レコーダーを持ってそういう人々の後を追ってみるならば、たぶん一日のうち一度だけ、あるいは三日に一回は、それぞれの人が優美で抑揚のある言葉を少しだけ、歌うように口に出していることに気が付くのではないだろうか。たぶん一日のうち一度だけ、あるいは三日に一度は、春の日差しの熱を帯びた光によって、あるいはネオンサインの光線が反射して、彼／彼女の顔に栄光が浮かび上がる。人生における詩歌の、こうした小さく日常的な閃光を見つけ出すことができるためには、私たちは、きちんと正しい場所に、もはや細部がほとんど見えないほど遠くに立たなければならない。このような瞬間を区分化し、断片化し、それらを縁取らねばならない。詩歌の瞬間は、人生の散文的な連続性を断ち切っており、遮断され、投げ捨てられている。たとえば、路地にいる恰幅のいい中年女性の喉から飛び出す、無遠慮で爆発的な笑い。コンピューターから顔を上げて、昼ご飯の栄養補助食品を窓台にいるシマリスに差し出す会計士。一時間ほど愛し合った訪問客が出て行った後に、枕に漂う香水がかすかに暗示するもの。

自分自身を、カメラとテープ・レコーダーを持って、一日中追いかけなければならないとしよう。

もしも私たちがきちんと正しい場所に立っているならば、空の厚い雲から光線が飛び出して、栄光に満ちた私たちの顔を黄金色に照らし出し、私たちの口から、歌うように言葉が溢れ出る瞬間を見つけ出すのではないだろうか。平地に立ったまま、自分自身を日常的世界の連続性の上に支えることによって、私たちは散文的で実際的な世界の中で自分の役割を守っている。しかし散文的な連続性や、うんざりするほどのルサンチマン〔内攻的な復讐衝動。怨恨〕や、目前の実践的な機会や困難を断ち切り、それらを放っておくことによってのみ、私たちは人生における詩歌の断片を解放するのではないだろうか。

透明性

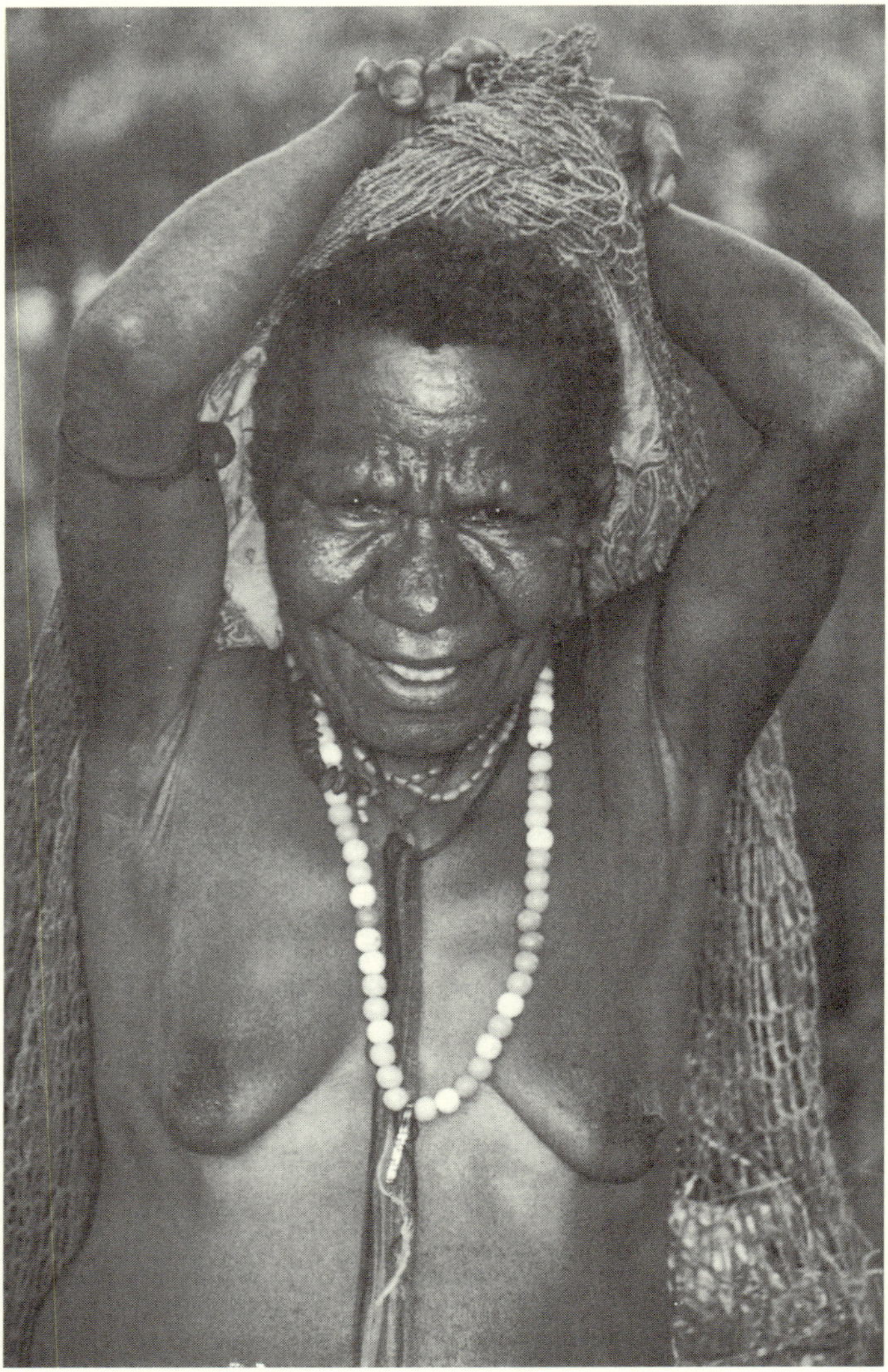

変則的で、形が歪んでいて、倒錯的で、グロテスクで、怪物的で、堕落したものは、不快感と恐怖を刺激する。これらの気分的な反発に駆り立てられて、私たちは、奇妙で嫌悪を誘うものを回避し、それから目を背けたり、それを隠蔽し、駆除したりする。〔タールを塗った〕防水シートを投げかけ、灯油を撒くのだ！

こういった否定的な気分や行動が、部分的にせよ、中立的で積極的な気分や反応に置き換わるのは、異常なものが、自らが置かれた環境の中で正常に機能することが示される限りにおいてであり、度の強いレンズやフィルターを介して見ると、醜いものにも魅力があることが示される限りにおいてである。ヴィクトリア朝の人々とは違い、私たちは山を見ても、それが理想的な球形の歪曲であるとか、大地の表面に付いた痘痕《あばた》だなどと思ったりはしない。日本人でなくとも、力士の技と身体のうちに美しさを見ることはあるだろう。

規範や価値を、体系的に転覆することを企ててみてもよい。ニーチェと共に私たちは、身体的なもの、本能的なもの、大地に根付いたもの、無常なものを評価することができるようになった。ひとたび私たちが、カバだとか、タコだとか、サナダムシに心から惹かれ始めるなら、解放された感じがするだろうし、より広く豊かな領域へと開かれた気分になるだろう。ひとたび私たちが、郊外の静けさよりも、都心部の路地裏に広がる野蛮さの方がよいと思うなら、そんな感じがするだろう。ひとたび私たちが、トラッシュ・アートやノイズを味わう趣味を獲得することができるなら、そんな感じがするだろう。ひとたび私たちが、寄食者たちや、スモックを着た者たちや、売春婦たちからなる集団の方を、企業家や大学教授よりも好むことになるなら、そんな感じがするだろう。

こうした趣味を獲得することは、道徳的な教化をも生み出す。かつての規範や価値が、今や俗物的で偽善的だと非難される。これまで咎められたり、恐怖の中で忌避されたりしてきたすべてのものが、今や擁護される。すると忍び笑いが消え、進歩的な誠実さが現れてくる。道徳的教化とは、一個のプログラムを配置するということである。つまり本能的な、臓腑からくる反応を、生産的で、合理的な態度によって置き換えるということである。

ハイデルベルクを通り抜ける途中だった。夜、あなたは有名な学生酒場を何軒か訪れた。何杯かビールを飲むと、トイレに行きたくなった。狭い階段を降りて地下に行き、トイレを見つけた。小便器の前に立っていると、誰かがドアから入ってくるのに気付いた。彼は隣に立った。礼儀として、壁に目をやった。ところがその直後、声が聞こえたのだ。「すみませんが、私のモノをひっぱり出してもらえませんか」。向きを変えて見てみると、隣に立っている男の手は、肩につながっていた。くらくらした。「サリドマイド児」「アザラシ肢症児」といった言葉がひらめいた。二〇年も前のことだ。彼らも大人になったのだ！　あなたはズボンのチャックを下ろし、彼のモノをひっぱり出し、小便が終わるまで支え、最後まで滴を振り落とし、ズボンに押し込んだ。もうすでにそのときから、楽しみで仕方なかった。その場面を誰に最初に話そうか。詳細に話してむかつかせ、げらげら笑ってやろう。

道徳的教化が非常に厳《いかめ》しく、お堅く、けちくさいのは、グロテスクな身体的歪みや真に堕落した行為から目を背けたいという、自然的な衝動に屈すまいとしているからというよりは、笑いたいという、同じくらい避けがたい衝動に屈すまいと必死に抵抗しているからである。

険しい目つきで、拳を握り締めたまま、私たちが言葉で誰かを脅し、恐れ入らせ、そして通り過ぎるとき、その言葉がこだまとなって、言葉自身を嘲弄する。もはや険しい目つきや握り締めた拳が沈黙を押し固めることがなくなると、脅しをかけた私たちの暴力的な言葉がおどけたものになってしまうのだ。

笑いの反対は、怯えや不快感ではない。怯えや不快感は、最もあけすけで耳障りな笑いにあっさりと転換するからだ。笑いの反対は、几帳面な自己批判である——ソクラテスが非難がましく戒める、例の「汝自身を知れ」である。

笑い声は、疑いようもなく自らを肯定する。笑い声は、喜悦に輝く世界を信じている。誰かが何かを笑う。何かが誰かを笑わせる。そういうものこそ、真実である。

光と影の意味なき戯れ、周囲のさまざまなパターンやざわめきなどに、私たちは努めて秩序と意義を押し付ける。しかし言葉によって構築されたこの世界は、笑える世界だ。考えれば考えるほど、言葉の世界に開いた無数の穴にぶち当たる。深淵を切り裂いて、私たちはその中に、火の点いた導火線のように飛び散る笑いを送り込む。

私たちの言葉の流れは、総体的な意義や理屈の組み合わせに服従しているが、それをぶち壊すような、フロイト的意味における過失が笑いを解放する。将来からも、時間内的な連鎖からも自由になった瞬間が、笑いの中には認められる。笑いの中で自由になった瞬間というものは、いかなる計画にも服従しないし、役に立つこともない。俊敏さや機敏さが噴出し、逃げ回る一瞬が捉えられる。鈍重な者、のろい者、固執する者、強情な者は笑いを殺す。鈍くて、堅苦しくて、融通の利かない心を持った人々が含み笑いするとき、そこにはどれだけわずかな笑いしかないことだろう！

上手く適応しないもの、上手く働かないものは、何でも笑いを生み出す。欲求不満に逆巻く怒りは、茶番に変わる。自分がどれだけ苛立っているかに気付くと、私たちは微笑み、今にも笑い出しそうになる。何かを上手く済ませようとするときには、すべての段取りが後続する段取りや到達点に従っているように感じ、すべての瞬間が後続する瞬間と連動しているように思っている。それが破綻するということは、現在が解放されるということである。現在が断ち切られ、主権を持って流れ出すのだ。もはや意味をなさない瞬間——もはや意味を持つ必要もない瞬間——のうちに漂いながら、私たちは目が眩むような自由を感じている。

ベッドの脇に、彼女は古物の電話を三台置いている。いずれも電話線には接続されていない。修理工が来て、彼女の冷蔵庫は修理するだけの価値はないと告げた。彼女はそれを寝室に運ばせて、古いラブレターの隠し場所にした。それらが冷えてしまわないように。ベッドの上方には、深夜を指して永遠に止まってしまったキッチン・クロックが置いてある。鏡台の上には古いテレビがあるが、それにはめ込まれているいくつかのトランジスタは焼き切れてしまっている。どのチャンネルを回しても映し出されるのは、舞い乱れる雪とちらちらする光の波だ。マリファナを巻いてあなたに差し出したとき、彼女はこのテレビを点けていたわけだ。

破裂や破綻は私たちを解放する。笑いとは自由である。新しく生まれたばかりで、まだ任務に縛られていないすべてのものは、私たちを笑わせる。生れ落ちた世界で、脚をもつれさせながら、子馬が跳ね回ろうとしているのを見て、私たちは笑う。

誰かが「上手いことやっている」のを見ると、特別な種類の快楽を感じるものだ。悪人に悪事のツケが回ることをどれだけ執念深く願っていても、私たちの中の悪党精神のようなものが、この快楽を求めて目を光らせている。たとえば、コンピューター・ウィルスを作成し、いくつかの多国籍企業とアメリカ国防総省を機能停止に追い込んだ高校中退者。ＦＢＩは、彼がフィリピンにいるのを突き止めたが、そこにはコンピューターに詳しい者がいなかったため、彼の違法行為を告発する法律を作ることはできなかった。たとえば、養子にした娘との性行為を、妻によって法廷で告発された映画監督――当時彼と娘の間には、そのまた娘がいて、彼はそのことについて映画を製作していた。たとえば、ブラジルで撮影された映画で下半身を露出した船乗り。裁判官は本件を却下した。というのも、総理大臣が群集の喝采を浴びながらカーニバルのパレードを観ているとき、隣でお祭り騒ぎしていた女性が腕を挙げて手を振り、ただでさえ極小のミニスカートが持ち上がってしまったというシーンを、その同じ週に裁判官は見ていたからだ。

私たちは、〈自然〉が「上手いことやっている」ときにも笑う。ジェット旅客機が上昇気流のせいで離陸できないという報告をテレビで見ているとき、私たちはひたすら不安に包まれているわけではない。空港の機能を停止させたのは、ただの空気――目が眩むような突風となった空気、飛び散り、げらげら笑うような音を立て、雷が描く滅茶苦茶な縞模様に照らされている空気――にすぎなかったのだ。笑いを目にすれば、自ずと緊張がほぐれていく。空港で足止めされた乗客たちは、たいていの場合、スタッフたちをからかい、互いに冗談を交し合う。そして、書類カバンを抱えてサービス・デスクで怒り狂っている人たちを見て、面白がっているのだ。

すべてを笑うべき何かに変えてしまう力、最も崇高なものや、最も理想的なものでさえそうしてしまう力は、もちろん、まったくもって破壊的な何かである。笑いに対向しうるものは、何もない。神々に何が起きたのか？　ニーチェの報告によれば、神々の中から唯一の最高神を自称するものが現れたとき、神々は笑い死んだのである。

彼女は言う。夢の始まりの方で覚えているのは、浴槽の中で目が覚めて、水が冷え切っていることに気付いたことです。タオルを巻いて、廊下に出ました。そうしたら突然、これは夢じゃないんじゃないかっていう気がしたんです。本当に浴室がある、下の階に行きました。浴槽の中に、私がいました。水が冷え切っているだけじゃなく、おしっこで汚れていて、黄色くて、嫌な臭いがしました。うんちもそこら中に浮いていました。私は、私の顔を何度か叩いて、目を覚まさせました。その後で浴槽から出て、床に吐きました。突然大きな叫び声が聴こえました。周りを見回すと、ドアの下にふっくらとしたゴキブリがいて、私のことを不快そうに見ながら、こんな風に叱るんです。「粗野で、下品な女！　主婦か何かだな？　こんなに汚い浴室に入り込んだのは初めてだ」。するとムカデが、足という足を使ってすごい速さで走ってきて、処方箋を走り書きして、プロザック〔抗鬱剤〕をゴキブリに渡しました。そしてムカデは、別の部屋にあるソファーにゴキブリを連れて行き、彼の夢の分析に戻りました。どうやらムカデは、認可を受けた精神科医だったようです。

　精神分析は、夢の中に、私たちの心の最も切迫した欲求、最も悩ましく、どうしようもない欲求を見つけ出すのだが、実際には、私たちが夢から覚めて、不安で冷え切っているときでさえ、夢について思い出そうとしてみると、それはただ間の抜けたものに思えてしまうものである。私たちが夢をもう一度辿り直そうとするのは、夢がこじつけっぽく、狡猾で、巧妙なものとして私たちを揺さぶるからである。ニーチェとフロイトによれば、夢を見ているときの心は、目覚めているときよりも芸術家的であり、とりわけもっと賢く、愉快なものである。夢は、私たちが今置かれていて、眠りの中でさえ何度も繰り返し陥ってしまうような境遇を明らかにするが、そんな場合でさえ夢は、風変わりで不条理なやり方でその問題を描かねばならないという、もっとずっと衝動的な欲求を明らかにしている。最も深い心的欲求は面白さなのだということを、夢は明らかにしているのだ。

あなたは、いまだにこのフォルクスワーゲン・バグに乗っている。ナチスの大衆車で、色はグレーの一四年物。機械工に言わせると、車検を通すためには錆びた穴を修繕しなければならない。あなたは、土曜日を使って穴の修繕をして塗装屋へ行き、バイク塗料を一つ選んだ。キャンディーカラー・サンシャインフレーク・ストリームライン・ベイビー、通称「アズテック・ゴールド」。それを三回コーティングして、西海岸に出発した。ワイオミング州の広大な空間に出ると、車はついに最高の状態に達した。きらめく黄金の彗星。平均的な州警察官であれば、七五マイル〔約一二〇キロメートル〕離れていても見えただろう。そしてある朝、ロッキー山脈を駆け下りながら、言葉の少なくとも二つの意味において「スピードを上げて〔覚せい剤を打って〕」、あるカーブから飛び出した。車は転がって弾んで、渓谷へと真っ逆さま。ようやく転落が収まり、仰向けになった虫《バグ》のように、車がひっくり返っている。あなたはシートベルトを外した。その後割れた窓ガラスの中を動き回って半ズボンを一着探し出し、埃を払い、リア・ウインドウから這い出る前に、それを履いた。この上、公然わいせつ罪で逮捕されることのないように。

恐怖で麻痺していても、突然状況が馬鹿げたものに思えるとき、私たちはドタバタ喜劇のようなイメージの中にいると感じる。そして後で、そのイメージを他の人たちに語って聞かせるのだ。すると凍りついた恐怖が、急にはじけて笑いになる。この笑いは、私たちの存在の基底部をどれだけ揺り動かすことだろうか！

笑いは、能力を持っているという満足感に先立つものである。私たちは、新しい技能を教わる際の自分のぎこちなさを笑い、再び幼児に戻ったような快楽を感じる。笑うことは、言葉を話すことに先立っているのではないだろうか。幼児たちは、言語を使用せずに笑っているではないか。

私たちは任務を引き受けたり、機械的身体を維持したりするために呼吸をするが、笑いとは、そんな真面目なリズムの中の小休止である。笑いは、人生の最初の日から始まる。母親が子供のことをくすぐって、彼の真面目な呼吸を中断させるとき、笑いは始まるのだ。

私たち人間という動物は、宗教や、文化や、階級や、肌の色などによって、他の人たちを識別する。そしてそれらすべての表面下で、自分の同類を、つまり人類を識別している。同じ繁殖地にひしめく一〇種類もの海鳥たちは、どうやって自分の種のメンバーを識別するだろうか？　まさにナンセンスや猥褻さの中で――笑いやオルガスム的興奮の中で――、私たちは自分と同じ種のメンバーを識別するのではないだろうか？　いやそれどころか、そこにおいて私たちは、互いの透明性に気が付くのではないだろうか。

言葉が通じない街の巨大な商業ビルの中で、あなたは銀行のオフィスを探している。大騒ぎしている声が聴こえてくる。紺色のツーピース・スーツを着た、ずんぐりした女性が何事かを叫び、オフィスから部下を追い出しているところだ。彼女が部下を突き飛ばす。磨かれた大理石の床はよく滑る。豚のような金切り声を上げて、彼女は尻餅をつく。遠く後方では、見物人たちがどっと笑っている。よく見ると彼女の周りにいる人たちは目を伏せ、口を閉じ、笑いが飛び散るのを噛み殺している。見通しが利かないほど不透明であった彼らの心が、突然透明になった。共に笑う者なら誰でも、私たちの同類なのである。

私たちの心は、互いを理解し合うが、それはまだ識別の快楽ではない。共通言語を有している者同士が、言葉を使ってコミュニケーションするということは、笑いのうちで感じられるように、互いに深く共謀することではない。幼児が部屋を横切ってよちよちと歩き、転倒する。顔を上げ、笑っているこちらを見て、一緒に笑い出す。親密さや共謀関係が用いるのは、文法的言語の中で明確に区別されているような語句ではなく、むしろ仄めかしであり、謎めいた合言葉であり、エロティックなまなざしや接触であり、犠牲的衝動であり、そして笑いなのである。

もしも私たちが誰かに話しかけるなら、それは何よりもまず、私たちが彼／彼女を、自分と共に笑い、共に悲しむことができる者だとみなしているからである。笑いや悲しみにおける心の透明性のおかげで、情報や命令を交換するときにも、私たちは互いに理解することができるのだという確信が生まれるのだ。

バタイユはこう書いている。人間は、他の動物に比べると、より多くつばを吐くし、咳もするし、欠伸もするし、げっぷもするし、鼻もかむし、くしゃみもするし、泣き叫んだりもする。しかし人間は、何よりも、むせび泣いたかと思えば急に笑い出すという奇妙な才能を獲得したのである。(1) 人間は、自分たちがつばを吐き、咳をし、げっぷをし、くしゃみをし、クソをすることを笑うのだ。笑いとは、排便のときに肛門の括約筋が痙攣するように、口の筋肉が痙攣的に反応することである。肛門やそれに隣接する性的器官によっても解放されうる神経性の放出が、口によって解放されるというわけだ。

発言の中の意味列が破綻してナンセンスなものになると、声が笑いを排出する。一つの操作を構成している前進的な段取りが突如崩壊すると、台無しになった結果を超えて、笑いが突発する。笑っている口から吐き出されているもの――この無意味な語尾、この無価値な操作上の成果――、それは糞便や、小便や、血液や、精子のイメージである。

私たちの身体に住み着く寄生生物――ヒルや、陰毛の中の毛ジラミなど――は、身体から痙攣的に排出される排泄物のように、笑いを誘発する。大きな帽子がしなだれていたり、ズボンが垂れ下がっていたりすることが笑いを誘発するのと同じである。ボタンがはじけ跳んで、笑いの中へと弾んでいく。同様に、誰かの腕や脚が下から伸びて、落ちていくボタンを捉えようと宙を掻く光景が、笑いの中へと弾んでいく。自分の強さや技能に自信がある人が土手を駆け下り、川の向こうまで跳ぼうとして失敗し、泥に頭を突っ込んでいるのを見るのは、なんと愉快なことだろう！

公共の場では聞かれない言葉を使って、私たちは物事の上にクソをする。不適当で場違いな発言や、廃れてしまった時代遅れの言葉は、排便的な性格を持っている。それらは、功利性に照らされた物事にできてしまった瘤《こぶ》なのである。地位が高い人物たちの姿勢や態度は、彼らが普通の人の状況の中に居座るとき、喜劇的なものになる——たとえば、ある司教の乗ったリムジンが、応急修理のために路肩に停車せねばならなかったとき、この司教は「ドライブ・インのトイレに並ぶ司教」になった。糞便的な愚弄によって、一つの階級が別の階級を社会的領域から吐き出す。古い世代は、互いに目配せしたり、忍び笑いしたりしながら、若い世代をどうでもいいクソのように扱う。若い世代は、叫び声や歓声を上げながら、古い世代の持ち物や、態度や、指図の上にクソをする。

郊外に住む母親が、思慮深く、用心深く、倹約的な処世訓を口にするたびに、誰しもが彼女のことを笑わずにはいられないのではないか？　もしも自分にとってたった一度きりの人生を、保険のセールスマンとして、四〇年間、一日八時間、でっぷりと腰掛けて、細かい規則や数字の列をじっと見詰めて過ごそうなどと本気で考えてみるなら、その愚鈍さに大爆笑してしまうことだろう。最後まで勤め上げて引退したときに、その人生はただ哀れだったのではなく、馬鹿げたものだったのだとみなされるような人々がたくさんいる。間が抜けただらしない体つきのせいで滑稽に見える人たちのことを、私たちは笑う。彼らの人生を真面目に考えることなどできない。彼らの仕事やキャリアは、一個の冗談だ。彼らは腹いせに産み落とされ、何らかの機械的な誤作動や、自然の不具合や、生存プログラムの不調が起きて死んでいくのだ。

自分の人生が袋小路に向かっている人たち。そしてそのことに完全に気付いていて、自分の人生が滑稽であると思っている人たち——そして、自分自身を乗り越える決心をした人たちを見てみよう。ドラァグ・クイーンたちは、こうしたことの達人である。痩せこけてぎくしゃくした身体のせいで、青年期を通じて、彼ら〔彼女ら〕は手荒なチーム・スポーツをしたり、ふんぞり返って威張りちらしたりすることがまったく得意ではなかったろう。彼らの身体は、ある種の遺伝的・生物学的悪ふざけなのだ。社会における彼らの存在は、学校教育期、成熟期、老年期を通じて、全体として無力なものである――それは一個の冗談なのだ。正常な人々にとってだけでなく、自分自身にとっても。彼らによってシステムが転覆され、危機に瀕することなどほとんどない。政治運動というものは、マイノリティに平等の権利を求めるときでさえ、彼らを信用しないし、真面目な仕事のために彼らを頼りにすることもありえない。彼らは、女性になりたいわけでもなければ、女性として見られたいというわけでもないのだ。彼らは、無法者になりたいのである。

ドラァグ・クイーンたちの活動は、驚かすことに全面的に依拠している。その効果は一時的なものであるが。たとえば、クィア〔性的マイノリティ〕をバッシングする人を、機知に富んだやり方でこき下ろすことによって驚かす。するとその人物は、自分のことを笑い飛ばさざるをえない状況に陥ることになる。これは、気功術〔subcult of drag karate〕なのだ。東洋武術の師匠は、突進してくる敵対者を捕まえ、その打撃の強さを利用して彼を投げ飛ばすのである。

笑うときにはいつでも、そしてそれについて十分に注意深く見てみるときにはいつでも、私たちは次のことに気づく。私たちが笑っているのは、かくもありえない誕生についてであり、かくも滑稽な死についてなのである――つまり彼らの誕生や死についてであり、そして私たちの誕生や死についてなのである。

私たちは笑いの中で、現実の世界に接続されていると感じる。笑うことができれば、現実に対処することができるのだ！

笑いを誘発する原因は、痙攣に先立つ性的器官の鬱血を誘発する原因と同じものだったかもしれない。ヴァギナの分泌液の呼び水となるくすぐったさは、くすくす笑いの引き金にもなりうる。卑猥な話や場面が私たちを勃起させることもあれば、笑わせることもあるのだ。

実のところ官能的な快楽とは、笑える快楽なのだ。性交中の人たちが不器用にのた打ち回り、自分たちの手足がどこに向かっているのか分からないといった状態は、喜劇的でないとすれば何ものでもない。熱意と欲望の光が眼に微かに浮かんだだけで、からかいやくすくす笑いが誘発される。快楽を感じることができるような活動——つまり、あらゆる活動——は、セックスやエロス論以上に、笑いを喚起するのではないだろうか？　オルガスムとは痙攣であり、あえぎであるが、それはまた笑いの中で身体全体を解放することでもあるのだ。

一九九一年、イタリアとオーストリアの国境地帯に広がる山岳地帯、エッツタール・アルプスの氷河の溶けた氷の中から、一つの死骸が発見された〔「アイスマン」と呼ばれるミイラ〕。死骸が氷から取り出され、考古学者たちはそれが五〇〇〇年前のものだと同定した。その身体は凍結乾燥されていて、ほぼ完璧に無傷の状態であった。陰嚢《いんのう》も含まれていた。精子バンクでそうされるように、急速冷凍された精子が氷河によって保存されたのだ。ただちに数多くの女性たちが心を決め、その精子を受け取って、赤ん坊を産むために必要なことなら何でもしようとしたし、いくらでも支払おうとした。考えただけで面白そうだからだ。考えただけで面白そうだから、抗しがたいのだ。

　子供が不器用に転倒するのを見て、私たちは笑う。私たちの笑い声は、子供を甘やかしている。私たちは愉快な確信によって、この子は手探りしながら協応性や技能を発達させているところなのだ、と考えている。このような笑いは、自分のことを誉めそやす方向へと高まっていく。その子の無能さが、私たちの能力や私たちの才覚の輪郭となる。子供が笑うのは、もっと別の笑いである。瞬間が連鎖していたり、将来に従属したりしている状態が突然崩壊したときに、子供の笑いは爆発する。私たちの笑いは無垢で無害な笑いだが、子供の笑いは、身勝手で放縦な笑いなのである。

　時間がたつと、私たちは、青年期に入った子供の無責任さや無謀さを馬鹿にするようになる。もはや甘やかすことはしない。私たちは若者の能力不足や、強情さを揶揄する。田舎者や外国人のどもりや、不恰好さや、無作法を揶揄する。変人や、倒錯者や、堕落した者たちを揶揄する。

　こうした嘲弄が昂じて、憤りや憎しみが生じることがある。郊外に住んでいる白人が、移民のせいで自分が犠牲になったと感じ、憤り、悲惨な状態に陥る。父親が、子供に執着するあまり、潰瘍のように惨めなぬかるみにはまってしまう。息巻いて大声で喚きちらす頑固者、熱弁をふるう狂信者、怒りっぽくて、お堅くて、けちくさい進歩主義者――そんな風であり続けるのはきついし、何より面倒なことなのだが。

　大学教授か企業の重役が椅子に座ろうと身を屈めたときに、その椅子を引き抜くと、突然その人の身のこなしや、権威や、真面目さが、維持し難いものとして露呈する。笑うのを我慢することができれば、専門家の権力や会社の権力に対する、私たちの地位が保たれる。しかし私たちは笑ってしまい、真面目さを手放すことになる。すると、そう、ホッとするのだ。充足や真面目さから逃れ、それらに接続されていたいという欲求から逃れて、ホッとするのだ。

　嘲弄が望んでいるのは、こうした笑いとは違い、むしろ勝ち誇った気分であり、傷つくことなどないという気分である。嘲弄するときに私たちが意図しているのは、大学教授や、企業の重役や、移民たちが、彼ら自身のことを見つめ、息子が彼自身のことを見つめ、笑えるものだと感じることである。しかしそうすると、笑い声を聞くためには、変質者や、外国人や、息子に近付かなければならないことになる。彼らは笑う代わりに、人を傷つけたり息巻いたりしているが、私たちが黙ることを望んでいるわけではない。彼らが望んでいるのは、最後に私たちを包み込む笑いである。父親の能力や権威を笑えるものとして示すよう、青年に試みさせるのは危険である。私たちのやり方を愚かなものとして、私たちの意見を愚鈍なものとして、私たちの習慣を無能なものとして示すよう、外国人に試みさせるのは危険である。しかしそれらは、同時に、ホッとすることでもある。どうすれば、息子や、外国人や、変質者に十分近づく気になれるだろうか。ドラァグ・クイーンたちは倒錯性をひけらかし、自分たちに対する笑いを煽り立てているではないか。

　息子が父親の父権主義を嘲弄し、父親がそれに対して笑い返すことしかできないと感じるとき、黒人のジャンキーが白人のけちくささを揶揄し、白人のヤッピー〔都会に住む若手エリート〕がそれに対して笑い返すことしかできないと感じるとき、売春婦が尻の穴に侮辱の言葉を突っ込んできて、彼女を逮捕した警官がそれに対して笑い返すことしかできないと感じるとき――そのとき突然、息子の笑い声と父親の笑い声が、警官の笑い声と売春婦の笑い声が、それぞれ二つの波ほどにも離れていないものとして湧き起こる。その一体感は、攪拌された水のように抑え難く、崩れやすいものであるとしても。笑いの瞬間には、諸個人を跨ぐ透明性があるのだ。まるで笑いの爆発によって一筋の激流が発生し、諸個人の間でうねっているかのようである。

したがって、ドラァグ・クイーンたちは、公共道徳の手本となる者であり、それを鋳直す者なのである。

私たちの仲間に死をもたらし、民族全体を絶滅させた者が「上手いことやっている」ときには、笑いも凍るというものだ。しかし〈自然〉は「上手いことやっている」。頭蓋骨の眼窩と顎を通って、風が飛び散る。私たちは、死を前にしても笑うことができるのだと理解する。私たちは、自分の死を一個の冗談とみなす可能性を目にしている。私たちは、笑いながら死ぬことができるのだと理解するのである。

つながり

食欲

自然と文化の対照性は、私たちが読む本や、私たちがするおしゃべりのいたるところにばら撒かれている。「自然な」とか「文化的な」という言葉は対になるカテゴリーをなしており、私たちはしばしばそれらを使って、物事の地図を描き出し、そして説明する。「しかしご覧ください」。理論家たちは抗議する。「それら二つの言葉は、取り立てて基本的なものではないし、明晰なものでもありません。言葉を話すとか、音楽を作るとか、作るべきものを申し立てるとか、美術品を作るとか、こういった振る舞いは、人間にとって自然なものだと言えないでしょうか――ちょうどミツバチにとって、互いのメッセージに振りを付けることが自然であり、鳥やクジラにとっては歌うことが自然であり、ビーバーにとってはダムを作ることが自然であり、ネコにとっては人間におねだりすることが自然であるようにね」。エピステモロジーや、科学哲学や、脱構築主義においては、これら二つのカテゴリーは非科学的で、素朴なものとされているのである。

しかしながら私たちの生活の中では、これら二つの言葉はますます活力を取り戻しつつある。私たちは自然に触れるために旅行したり、文化に触れるために旅行したりする。ある地域に滞在することと、別の地域に滞在することは、私たちの人生や自意識にまったく異なる効果をもたらすものだ。カナダの荒野で一ヵ月間、不自由な生活をしようと決心するとき、私たちは、パリや、フィレンツェや、京都で教養を得るという期待に対抗し、それを拒絶しているのである。

セレンゲティ国立公園やガラパゴス諸島を旅行することは、自然に向かって踏み出すことかもしれない。裏庭で二、三時間過ごし、野に咲く花々を観察し、一組のミソサザイが巣から飛び去っていくのを眺めることも、そうかもしれない。外に出ることによって、私たちの位置取りは何度も変更される。そして私たちは、周囲を舞台であると考えたり、自分が演劇の主人公であると考えたり、その演劇の筋書きは、自分が進むに応じて自分で書き上げていくものだと考えたりすることを止めるようになる。私たちは、本質的には、資源と制限が相互作用しながら作り上げている複雑な構造体の中の、短命な一つの項目にすぎない存在であり、他の数え切れないほど多くの生命の間で暮らしているということが分かってくるのだ。

個体毎に違うシマウマの縞模様や、クジャクの羽根や、貝殻の渦巻きをじっと見つめたり、そよ風が運んで来た小さな種が、裏の路地で、一インチ〔約二・五センチ〕に満たないくらいの植物に生長し、すでに花を咲かせつつあるのを、じっと見つめたりするとき、私たちの眼を捕えて離さないのは、そういった生物たちを生み出したり、またそういった生物たちが生み出している入り組んだデザインである。年老いたセコイアやバオバブの中で私たちが直面しているのは、二〇〇〇年間弛むことのなかった生きる意志である。小さな名もなき植物が、たった一グラムの無機物と数滴の水を使って花をつけるとき、そこにある生きる意志である。私たちは、この生きる意志を識別する。同じ生きる意志が、自分たちの中にあるからだ。私たちは、それに面食らいもする——たとえば、芯の部分が二〇〇〇年の間に落雷で燃え尽きてしまったセコイアの中にある生きる意志。たとえば、数日間だけ生きるために、やっと蛹から出てきた蝶の中にある生きる意志。もちろん私たちは、自分の中にある生きる意志であっても、それを説明することはできないし、それについて理解することもできない。さまざまな生物の中に自分と同じ生きる意志を識別するということは、どうにかして、彼らの中に自分と同じ生きる権利を識別することなのである。

　生後数日のサルは、恐れを知らずに木によじ登る。私たちの仲間では熟練のダンサーだけが、夕方に散歩するヒョウのような優雅さと力強さをもって移動する。私たちは数歩離れた場所にいるネズミに気がつくが、タカは五〇〇フィート〔約一五〇メートル〕上空からそれを目視する。サメは、半マイル〔約八〇〇メートル〕離れた場所から五ボルトの電気インパルスを捉えることができる。ハイイロホシガラスというアメリカ南西部の鳥たちは、夏の終わりになると、それぞれの隠し場所に四、五個ずつ、三万三〇〇〇個ものシロマツの種子を蓄え、その後で、冬の雪に埋もれた種子をほとんどすべて見つけ直す。私たちのほとんどは、一〇ヵ所かそこらの隠し場所を作っても、それがどこにあるか追跡することができないだろう。近所の住人が、帰巣本能を持つハトを飛行機でカリフォルニア州に送ったところ、五日半でペンシルヴァニア州に帰ってきて、自分が連れ去られたまさにその街のその裏庭を見つけ出したという。

私たちの心は地球上のいかなる生物の心よりも優れていると、これまでしばしば言われてきた。だから、他のすべての存在は当然のこととして私たちに従っているのだ、と。私たちは他のすべてを使役する権利を持っているし、それらを殺して食べまくる権利を持っているのだ——あるいは逆だろうか。彼らの身体を殺して食べることによって、私たちは彼らに対する優越性を主張しているのだろうか。

私たちの中にもいるような怠け者たち、ろくでなしたちの脳には、私たちが賞賛する人々の脳よりも、はるかに多くの知識が蓄えられているものだ。どんな種であっても、特定の生態系の中で進化し、生存している。ある種が生き残って繁栄したのならば、それはその種が、その生態系の中で繁栄するために必要なだけの知性を進化させたということなのだ。たとえば海の中のタコ、密林の中のヒョウ、大草原の中のミツバチ、貿易風の中のアホウドリなどである。だから生物学者たちは、あたかも心が形而上学的実体であり、それ自体で価値を持っているかのように、種を跨いで心を格付けするなどということは、無意味であると考えている。

文化的な旅行とは、ある午後、本を抱えて階段を降り、ただ裏庭に向かうことでもありうる。ところが私たちは、ボヴァリー夫人がそう感じたように、パリに行くこと——そしてギリシアや、エジプトや、日本に行くこと——が大事なのだと感じてしまう。私たちは、国々の観光省庁や旅行代理店が出版しているパンフレットや、航空会社が出版している雑誌を、喜んで眺めてしまう。それらを開くと、魅惑的な写真の数々が、溢れんばかりに紙面を埋め尽くしている。インドに関しては、タージ・マハルがあり、若く美しい女性が鼻孔に宝石を付けていて、食卓の上には、カレーや、マナガツオや、コフタ〔肉料理〕や、マンゴーや、スパイスの利いたカリカリのパンや、ウエハースが広げられている。ジャマイカに関しては、コロニアル風建築の住宅があり、ココヤシの木陰から海岸の広がりが見え、若く美しい女性が花飾りを身にまとっていて、白いシェフ・ハットをかぶった黒人の男性が、ロブスターや、雪のように軽いライスや、タラや、アキーの実や、パイナップルや、サポジラ〔メキシコガキ〕が満載のトレーを抱えている。クスコに関しては、インカの石壁の上に立てられたコロニアル風建築の住宅が路地に建ち並び、若く美しい女性がインディアン風の刺繍飾りやレース飾りを身につけており、テーブルには重い真鍮の燭台がセットされ、コリアンダーとミントのスープや、セビーチェ〔シーフード・サラダ〕や、レモンや、胡椒を利かせた牛の心臓や、穂軸がついたままのトウモロコシや、マルメロの実や、パッションフルーツが載せられている。

　旅行から帰った後も、私たちはしばしばこういったパンフレットや雑誌を保管しておく。自分で撮ったスナップショットよりも、旅行の様子をはるかに素敵な仕方で示してくれるからだ。ああ、私たちが手に入れたのは、誰もが知っているどこかの観光名所——タージ・マハルか、コロニアル風建築の大聖堂か、マチュ・ピチュか——を、どこからか眺めた景色なのである。空港で、ホテルで、レストランで、ナイト・クラブで、若く美しい女性たちに出迎えられたとき、私たちは彼女たちを眼で見て楽しんだのだが、帰国前夜に彼女たちの一人をベッドに迎えることもなかったし、それを試そうともしなかった。私たちが潤沢に手に入れたもの、私たちが本当に夢中になり、調べ、時間をかけ、議論し、学び知ったものは、むしろ食べ物だった。食べ物こそ、旅が終わってからも私たちから離れないものだろう。タージ・マハルや、クスコにある総督の住居について、詳しく教えてくれと要求する友人などほとんどいないし、帰国したらそれらに関する本を読もうという計画は延期され、忘れ去られてしまうものだ。にもかかわらず、外出するとき、私たちは、フィラデルフィアや、オースティンや、クリーヴランドにある、インド料理のレストランや、ジャマイカ料理のレストランや、ブラジル料理のレストランを調べてみようと思うだろう。メニューを読むのを手伝ってくれという友人もいるだろう。私たちは思い出し、さらに学び知ることになるだろう。

インカ・アタワルパ〔アタワルパ帝〕の食事に際して、ピサロ〔一六世紀のスペインの探検家。インカ帝国を滅ぼした〕は愛餐《アガペ》に目を奪われた。インカの威光を、これ以上証明するものはない。インカは一人で食事していた。テーブルには、宝石をあしらった貴金属製の皿や器具がセットされている。インカの前には、三〇から四〇枚の最高級に精巧な皿が広げられている。新鮮な魚は、海から中継地を経てカハマルカまで、走って四八時間ほどで運ばれた。氷はアンデス高地の氷河から運ばれた。インカはビクーニャの毛織物でできた礼服を身につけ、コウモリの毛皮かハチドリの羽毛でできたマントを羽織っていた。これらの装束は一度しか着用されることがない。食事の途中でその上に何かが落ちたり滴ったりした場合には、すぐに着替えることになる。インカは若く美しい女性たちに、食べさせてもらっていた。魚の骨や果物の種を吐き出すときには、給仕の乙女が丸めた手の中に吐き出していた。

毎度の食事のために新しく準備した装束や、食べなかった食事はどうするのか、インカが乙女の手の中に吐き出したものはどうするのか、とピサロの部下が尋ねた。大きな箱にすべて保存しておくのだと言われ、そうした箱がたくさんしまってある、厳重に警備された倉庫を見せてもらった。ピサロと共にいた記録係は、これをどう解釈したらよいのかはっきりとは分からなかったようだ。彼らは書いている。インカが手で触れたもの、インカのもとに運ばれてきたものはすべて、それほどまでに神聖なものと考えられているのだ。さらに、こうも書いている。インカは、魔術を非常に恐れているのだ。魔術は、相手の身体から出た頭髪や分泌液を求め、それらに邪悪な呪文をかけるからである。

現代では、旅行することはそんなに大変なことではないが、いまだにリゾートホテルの最高級の部屋であっても、私たちが何年もかけて自分の家を飾り立ててきたような、何十もの楽しみは見当たらないものである。〔旅行先で乗る〕エアコンの効いたバスやレンタカーにしても、人々が交通標識に従っているまともな道の上を、自分の車で家に帰ることとは、似ても似つかない。どれほどツアーガイドやホステスたちが友好的であったとしても、彼らはあくまでエジプト人、フランス人、英国人なのであって、私たちは、日々の生活の広がりを分かち合った人とでなければ、本当に深い友情を築くことはできないという事実が、以前よりももっと痛烈に理解されるだけである。

ある文化を実際に訪れるということは、本を読んだり、写真をじっくり研究したりすることとは対照的に、その文化についての二流の知識しか与えてくれないものだ。本に記述されている場所——イスタンブール宮のハーレムや、ヴァチカンの宮殿や、ネパール王の宮殿や、カブールのモスクなど——は、たいてい立ち入り禁止だろう。ノートルダムの飛び梁《はり》や、プリにある黒い仏塔を全面的に捉えた眺望は、ヘリコプターや、私たちが入ることのできない建物のバルコニーから撮影されたものである。バンコクのワット・プラケーオにあるエメラルド仏や、ロンドンにあるフロイトの書斎のインテリアをクローズ・アップで撮影した眺めは、契約した写真家だけに与えられたものである。ある場所についてのツアーガイドの説明は挿話的なものであり、一つの物品、一つの場所が感じさせる真に人間的で美的な意義に対する感受性を欠いている。日付と事実が順を追って説明されるが、当てにはならない。ラオスにあるルアン・パバンの王宮の中を案内してくれるのは、幼少期をそこで過ごした悲劇の王女ではない。占星術の道具や中世の巻物よりも、レイバン〔のサングラス〕や、ソニーのテレビのことを気にしている地元のガイドなのである。

熱帯雨林や、何かしらの部族を見にアマゾンを訪れることよりも、専門の生物学者や人類学者が製作したテレビ・ドキュメントを観る方が面白く、ためになる。実のところ、すべてのことが編集され、うまく組み立てられ、文章上の技巧を凝らしてレイアウトされた本を読んだり、水滴やグリセリンがついた物品にバックライトを当て、偏光フィルターや紫外線フィルターを用いて撮影した写真をじっくり研究したりすることとは対照的に、ある文化を実際に訪れるということは、その文化についての紛い物の経験にならざるをえないのである。バリで見ることのできる失神祭礼《トランス》は、でっち上げられたものだろうし、サルヴァドールやリオデジャネイロにおけるマクンバの儀式は、観光客向けに上演されたものである。クスコやクアラルンプールで英語を話すのは、いかがわしい証明書を持ったガイドたちだけだ。彼らは、自分の家族や自分が生まれた村についての話を聞かせてくれるだろう。しかし彼らは、テレビ番組を観たり、地元の映画館で、ハリウッドや香港で製作された長編映画の前に流される短編映画を観たりして、そういった話を拾い集めておくのである。サフラン色の装束を身にまとった導師がいた。彼は英語が話せたので、カトマンズで私たちが泊まっていたホテルの庭で一緒に話しをした。ところが彼はヨガもしていなかったし、歩いて聖地への巡礼の旅に出たこともなく、二〇年間断食したというわけでもなかった。

さて、食事には模造品も二流品もない。胃酸過多と、平常的な胃の消化酵素に少しだけ気を配れば、私たちは「万国共通料理」を食べることができるし、ほとんどどこでも本物のハンバーガーを食べることさえできる。しかし旅行中であれば、誰しも、忘れがたい本物のフランス料理や、スペインのパエリヤや、モロッコのクスクスや、インドネシアのリスタフェルや、ブラジルのフェジョアーダを食べるものだ。貴族たちですら結婚式や国家行事でしか目にしなかったであろう料理を、私たちはどんな日でも食べることができる。アルハンブラや、タージ・マハルや、ルーブルのすぐ近くで、私たちは宮廷用の特別レシピで作った料理を食べる。使われている食材は、実のところ、国王のコックたちがその当時手に入れることができたものより新鮮で、質がよい。

いろいろな宮殿をツアーしていると気付くことになるのだが、〔パリの〕「トゥール・ダルジャン」のダイニングは、本当にヴェルサイユの中にいるみたいに豪華である。北京の「長城飯店《グレートウオール・ホテル》」のダイニングからの眺望は、紫禁城の皇帝用食堂よりも荘厳なものである。メリディアン・ホテルの最上階にある回転レストランは、〔メキシコ・シティの〕「総督の宮殿」の大食堂よりも堂々たるものだ。バンコクのノーハンズ・レストランでは、インカ・アタワルパがしてもらっていたように、愛らしい乙女たちが食べ物を切り分け、一口ずつ食べさせてくれるので、空いた手で彼女たちの腰を撫でていればよい。旅行に際して係わるすべての地元職員の中で、レストランの従業員たちだけは非の打ちどころなく融通が利くし、配慮も行き届いていて、私たちを王族のように扱ってくれる。

　レストランで着席する。列車の駅のレストランでも構わない。テーブルは作り物ではないテーブルクロスで覆われ、花瓶や、きれいなグラスや、本物の銀食器が置いてある。二時間にわたって料理とワインを堪能し、考えてみる。旅行が私たちに与えてくれる唯一つのものは、私たちがそれまで持っていなかったQ　O　L《クオリティ・オブ・ライフ》の感覚なのだ、と。思うのだが、壮麗な記念碑を眺めたり、宮廷芸術家が軍事的勝利や婚姻同盟を祝賀している大げさな文学や絵画に触れたり、あるいは高尚で神秘的な文化的聖地を訪れたりすることによって、文化を本当に推し量ることはできない。教養を得るためには、タージ・マハルやクレムリンの玉ねぎ型ドームを見ることも大事だろう。しかし天才たちが作り上げた記念碑というものは、実際には、自然が生み出す奇形のようなものなのだ。

遺伝は大金を当てる。フラ・アンジェリコ、ラファエロ、ミケランジェロ、ダンテは、一〇〇年を置かずにフィレンツェで生まれた。その後の数百年間は、我が国〔アメリカ合衆国〕のミネアポリスやクリーヴランドと同じように、フィレンツェは善良なる普通人を生み出しただけである。しかし、リオデジャネイロ――名のある作家も、画家も、作曲家もこれまでのところ輩出していない土地――に目を向けてみよう。そこには、洗練されていると同時に繊細で、快楽主義的であると同時に思索的であるような生き方がある。貴族風の旧市街の食堂で長い時間を過ごしてみると、ハイカルチャーによって生み出された生き方が発見できる。サイゴンはかつて貿易港であって、文化の中心地ではなかったし、重要なパゴダ〔寺院の塔〕もまったく建っていなかった。現在のホーチミン市は、荒れ果て、汚染されてしまっていて、物乞いや、中毒者や、盗賊たちが住み着いている。誰もが「マダム・ダイの家」に食事をしに行く。公式のツアーによれば、予約が必要だそうだ。マダム・ダイ〔グエン・フォック・ダイ〕はソルボンヌ仕込みの法律家で、サイゴン陥落以前には、〔旧南ベトナムの〕評議会議長を務めた女性だ。彼女の家に招かれたとき、彼女はこう語った。「私の人生の二番目の生きがいは、料理をすることでした」。居間の壁には本棚と美術品が並んでいた。その日の午後に準備しておいたという宮廷料理を、彼女が運んで来た。五ヵ国語を交えて、夜が更けるまで話をした。そこで私たちは、ベトナムのハイカルチャーを発見したのだった。

食事とは、噛むことであり、かじることであり、咀嚼することであり、摂取することであり、消費することである。それは、我がものにすることである。つまり貪ることであり、吸収することであり、消化することであり、同化することである。少なくとも、ある種の食事はそのようなものである――ある時代に、ある地域で、ある品質を伴ってなされた食事――つまり宮廷の食事や、支配階級の食事は、そのようなものである。そしてこれこそが、他文化の発見を語るときに、私たちが行っていることなのである。

もしも私たちが、ただ気難しげに偏狭な考えの中に停滞することなく、むしろ本のページをめくったり、公共放送を観たり、美術館の中をうろうろ歩き回ったりすることで教養を得ているのだとすれば、私たちは〔その文化を〕吸収し、同化し、我がものにしているのである。私たちは、充足感と満足感を手にしつつあるのである。教養を得るということはまた、他の存在の生命を我がものにするということでもある。動物を切り刻み、植物をへし折るということは、食欲を一時的に充足させるために、それらを貪るということである。それはレストランの中でも、美術館の中でも変わらない。ヴァン・ゴッホを八二〇〇万ドルで購入し、それを居間に飾ったり、自分で設立した美術館に寄贈したりした日本の大物〔斎藤了英。一九九〇年に『ガシェ医師の肖像』を落札〕は、ヴァン・ゴッホが苦闘しながらも抗いがたく地獄へ落ちていったときに見ていた光景を、我がものにしつつある。それもまた、一人の食欲を満たすために、別の人の生命を消費するということなのだ。

こうしたことは何となく、文句なしに道徳的であるという風には聴こえない。作り物ではないハイカルチャーの大ミサが、日々レストランで礼賛されているのだということを、私たちがたった今認めたところであったにしても。そこでは、今やエゴイズムや気取った見せかけなどはもう忘れられており、その代わりに〔食欲という〕共通の欲求が認められ、さまざまな文化が食卓の周りに発展させてきたような、公平無私な分配という際立った言語が語られているのではあるが。

〔他の文化に対する食欲は〕道徳的か否かという疑問に対する答えは、「〔そもそも〕自然にそうなっているのだ」というものである。道徳観によって自然を反駁することはできないということは、たぶん他のどこよりも、食欲の不可避性において明らかである。アニー・ディラード〔一九四五―。アメリカ合衆国の作家〕が語るのは、タマバエとミアストルバエの話であり、数日間雨が止まなかったせいで、卵を植え付けるための適切な身体を見つけることができなかったメスのハエの話である。今やそれらの卵がメスの体内で孵化してしまい、そのメスを内側から食い尽くしつつある。『ティンカー・クリークの巡礼者』の中で、[1]作家はこのことについて力を込めて考えようとしているのだが、その数ページは、反発と反抗に満ちた大抗議となっている。どれほど優しく、奇跡的なまでに精巧に作られているとしても、生物というものは、総じて地球規模の食物連鎖の諸断片なのであり、その中ではいかなる生物も、他の生物を貪ることなしには生きていけないし、他の生物の食欲を満たすように運命づけられていない生物などいない。

私たちを除いて。日々行われているハイカルチャーの大ミサで、そのたびに表明されている偉大なる教義とは、裏返しの聖餐という教義なのではないだろうか？　我の肉体を食べることなかれ！我の血を飲むことなかれ！

何世紀にもわたって繰り返された農村の飢饉によって、タケノコや、海藻や、ヘビや、ウミウシが日本料理の中に入った。だが支配階級のランクが上がるのに応じて、私たちはより多くのものをかじってみるようになる。グサノス・デル・マゲイ〔ガやゾウムシの幼虫〕、小さなウナギの揚げ物、アリの卵といったものが、メキシコ・シティで一番のレストランでは前菜として出され、その後に、その日の午後に闘牛で殺された雄牛から切り取ったステーキが続く。あらゆる植物や、魚や、ヘビや、鳥や、哺乳動物をテーブルに運ぶことによって、私たちは存在の巨大な連鎖の頂点に身を置いているのだ。

　このように、私たちは自分の価値を提示し、自分を価値あるものと主張する。もっと正確に哲学的な言葉を使って言えば、私たちは自らの「尊厳」を措定するのだ。価値は交換の尺度である。ある事物の価値は、それと等価的で互換的であるとみなされた他の事物によって決定される。経済システムにおいては、ある事物がより多くの価値を得るのは、それとの交換に必要な事物がより多くなるときである。ある事物が、イマヌエル・カントが「尊厳」と呼ぶような超越的な地位を得るのは、およそすべての事物がそれと交換されるか、あるいは交換される必要があるような場合であり、しかもそれがそれ以上他の何ものとも交換されないような場合である。社会の成員たちは、必要な財を交換し合う。そして財と労働とを交換して身を護り、労働と贅沢とを交換して寺院や記念碑を建てるが、これらのものがそれ以上の何かと交換されることはない。社会は富と市民の生命を犠牲にして、寺院や記念碑を護ることだろう。

　密林や、ツンドラや、海や、極氷冠を所有し、ありとあらゆる物体を人間的欲求や人間的快楽の資源にするために、躊躇することなくあらゆる土地柄《ゲニウス・ロキ》を無視し、人類の政治的・経済的な諸制度が打ち立てたのは、国際社会内部における主権性だけではなく、あらゆる事物を超越して宇宙全体を覆う主権性である。国から国へと旅行し、レストランでは皇帝のようなサービスを受け、植物でも動物でも何でもかんでも並べて消費しながら、私たちは食物連鎖の頂点に自分を位置づけ、自分自身は食べられることのない交換不可能な価値となる。つまり、宇宙全体を覆う「尊厳」となるのである。

我を食べよ。我を手に取れ。我を分断せよ。この官能的な要求、貪られたいというこの渇望は、エロティックな錯乱の中で立ち昇ってくる。我が唾液を飲め。我が汗を飲め。我が愛液を飲め。我がミルクを飲め。我が精液を飲め。官能的な情熱の中に連れ去られるということは、自己意識を失うということであり、自分の地位や、名声や、アイデンティティや、「尊厳」を失うということである。この我が肉を手に取り、食べよ。この我が精液を受け取り、飲め。そして、我を忘却せよ。

フェティシズム

知覚された環境を越えて自分の声が響きわたるとき、事物や風景の上で反響するそのこだまが聴こえるだけではない。私たちは、事物の音響と激情を聴いているのだ。事物が私たちを誘発し、誘惑し、動きを命じ、私たちをだまし、呪うのである。

アニミズムは、物質的な事物の中に精霊を識別する。事物の中に聞こえる声は、その事物の声、つまり物体の声ではない。物質的な事物は、一つないし複数の精霊に賦活されている。事物とは、精霊の声の中継装置なのである。事物の形態・用途・軌道の上に、人間がメッセージや指令を乗せるのだ。

フェティシズムは、事物の精霊を識別する。事物が自分自身で信号を発し、指令を出すのだ。声は、事物の物質的身体の声なのである[1]。

現代の社会科学は、フェティシズム的なのではないだろうか。諸事物――資源、エネルギー、器材、生産物など――の配置や運動が研究され、その中に、人間的反応や人間的意図の説明が見つけ出される。経済学者は、技術的革新の中に生産に関する変化の説明を求め、市場法則の中に、分配に関する変化の説明を求める。芸術の歴史を研究する者は、芸術に関する技術や、意図や、趣味に関する変化の説明を、化粧漆喰や、石膏や、アクリルや、レーザー光線のような、ある種の物質的力の中に求める。人類学者は、ある地域の地理的・気象的な諸条件や、その地域の資源や、そこで利用可能な技術に関する研究の中に、ある民族の政治的・宇宙観的・宗教的イデオロギーについての理解を求める。

その一方で、現代哲学はアニミズム的である。それが説明するところによると、私たちの心が持つ解釈的志向が、音声や視覚的な印を賦活することによって、それらが言葉やフレーズとして機能するのである。心が持つ知覚的志向が、有機体内部の神経インパルスを賦活して、音声や、色彩や、味や、匂いの感覚としてそれらを機能させる。〔心が持つ〕同定作用によって、感覚的パターンが、事物に関する様相や記号を表すものになる。分類したり関係付けたりする心的操作が、事物を意味によって賦活し、それが発見された文脈やそれが属するクラスに接続し、因果性や価値を割り当てるのだ。人間による属性付与や、人間的な動機や、人間同士の遣り取りが与える意味の他には、事物には何の意味もないのである。創造的な芸術家は、物質的実体に崇高なる意味を与えているというわけだ。

アフリカのフェティッシュ

一五世紀、ポルトガル人とオランダ人の商人たちが、取引を求めてアフリカの西海岸に下りた――これが先駆となり、地球規模の商業主義が広がることになる。商人たちが発見したのは、アフリカ人たちが頭蓋骨や、動物の骨や、化石や、水晶や、彫刻品などを大事にしていることであった。彼らはそれらを取引に差し出すことをしぶり、対価として、商人たちが運んで来た膨大な量の商品を要求した。取引用のピジン語の中で、商人たちはそれらのものを「フェティソ」と名付けた。一七世紀になって商人たちの報告がばら撒かれていく間に、その言葉はヨーロッパ北部の言語、つまり英語において、それに対応する「フェティッシュ」なる語を得ることになった。

そういったファウンドアート的な物品、つまり質の低い材料で粗野に作られた物品は、商人たちの目には、有用性や交換価値に関する合理的計算が正当化するであろう価値を、はるかに越えた価値を割り当てられているように映った。商人たちにとって価値のある財とは、それ自体で使用価値を持っている財というよりは、商品――交換価値を持っている財――であった。つまり香辛料や、象牙や、宝石や、黄金などである。〔ヨーロッパ人から見れば〕些細なものを蓄えることに没頭しているがゆえに、西アフリカの人々がだまされることもあった。ヨーロッパ人が無価値だとみなしたもの――たとえばガラスビーズなど――が、価値のある財として交換されたりすることがあったのだ。

アフリカ人たちが取引に出したがらないものとは、唯一的で変則的な物品であった。食材や記念品とは違い、フェティッシュは、誰かの人格や来歴に取り入れることによって特異なものになるわけではない。フェティッシュの特異性は、外部の精霊に起因するものではない——たとえば、伝記の中の何か特定の出来事に関連しているおかげで、ある物品がある人物にとって唯一的で感情的な価値を持つようになることがあるが、フェティッシュの特異性はそうした人物の霊魂に起因するものではないのである。それはまた、ある民族の歴史の中で何か重要な事件に関連しているせいで、その民族にとって歴史的な意義を持つようになったことに起因するものでもない。そうは言っても、フェティッシュは、たんに人間による商取引や遣り取りが財に与える意義や価値に抵抗する物品というわけではない。それはむしろ、人間たちと直面し、人間たちを動かしうるものである。フェティッシュは渇望されるものであり、情熱を刺激するものである。そこに生み出されるものを、ヨーロッパ人たちは凝りに凝った作品とみなしたのだ。フェティッシュとは、所有者がそれに束縛されてしまうような物品である。フェティッシュを所有する者は、フェティッシュにとり憑かれているのである。

フェティッシュが属しているのは、生産や交易、契約や功徳、収益上の充足といった領域ではなく、幸福が偶然的に配分されるような、幸運〔luck〕の領域である。フェティッシュは、幸運によって獲得されるのである。フェティッシュを身体にまとうことは、幸運な男性または女性であるという記章である（ヨーロッパ人たちにとっては、キリスト教が幸運という外部的帯域を植民地化してしまっており、この帯域を横断して、努力・功徳・収益上の幸福といったネットワークが展開されている（とはいえ恋人たちやスポーツする人たちは、今でもお守りを身につけているのだが）。ヨーロッパの商人たちが見つけたとき、頭蓋骨や、動物の骨や、汚れた人形には、ぞっとするような血がべっとり付いていた。彼らは、汚物がたくさんあると思った。ところがアフリカの人たちは、それらが常軌を逸するほどの力を所有しており、人間を癒したり、あるいは病気を感染させたり、死ぬほどの衝撃を与えたりすることもあると想像していた。「フェティソ」、つまりフェティッシュという言葉は、中世後期のポルトガル語における「フェイティソ」という語を想起させる。これは従物を意味する語であり、ヨーロッパにおいては魔術と関連付けられていた。西アフリカの人々が市場の中に入れなかった事物、そして彼らが一見すると非合理的なつながりを持っていた事物に、「フェティッシュ」という語が適用されることによって、そうした事物は悪魔的なものになったのである。

聖遺物と珍品

中世ヨーロッパの大きな修道院や大聖堂には、さまざまな聖遺物のコレクションがディスプレイされている。聖遺物とは、聖人の一部分——骨や衣服の破片など——であって、聖人を描いた聖像画や、聖人を象った彫像よりも大事にされている。聖遺物の中には、本当に聖人の力が宿っている。聖遺物を身体にまとうことによって引き起こされる奇跡や、祭壇の中に置かれるか、行列に持ち出されるかして展示された聖遺物に触れることによって引き起こされる奇跡が、その力を証明している。

一七世紀に、旅行に興味を持っていたヨーロッパの裕福で国際主義的なインテリは、「驚異の部屋〔cabinet de curiosité, Wunderkammern〕」を管理し始めた。そこには聖人の遺物だけでなく、巨人の歯や骨、ユニコーンの角、人間の胴体や動物の身体に形が似ている木のこぶや果物、双頭のヘビのような奇形動物なども納められていた。工芸作品も含まれていたが、それらは非常に念入りに装飾されており、機械仕掛けのからくりのように、制作に費やされた時間のせいで散文的な用途からはみ出していた。エジプトやギリシアの彫像や陶器の古物もディスプレイされていた。異国風の植物や、動物や、工芸品が含まれていたが、それらは最初に、コロンブスと彼の後継者たちがメディチ家や他の南部の貴族の飾り棚に運んで来たものである。後になって、オランダとイギリスの貿易商たちが、北部の蒐集家たちの飾り棚に運んで来たのである。(2) そこにアフリカや、メラネシアや、インドのフェティッシュも入って来たというわけだ。

こうした「珍品」は、記念品とはっきり区別されねばならない。記念品とは、歴史や、記憶や、欲望がそれにつながっているという理由から、触れられ、使い古され、愛されている事物のことである。珍品とは、分類されることをよしとせず、正常性や予測可能性の規則を破壊するような事物のことである。珍品は、悟性を混乱させる。常軌を逸しており、異国風で、根っから変わっている事物には力がある。驚異や驚嘆の感覚を刺激する力があるのだ。

「驚異の部屋」は、事物が物語を語ることのない劇場であった。その内容となるのは、原産地や、自然的・政治的・文化的機能から除去され、自分で自立するようになった事物たちであった。珍品の蒐集家は驚異についての美学を導入しているわけだが、この美学は、もっと以前の宗教的・叙事詩的な宮廷芸術における物語的美学との関係を捨て去っている。ジャン・ブラン〔一九一九―九四。フランスの哲学者〕はこの〔驚異についての〕美学を、商業主義的美学と同一視している。そこでは、計算と交換から除去された事物が、それでもなお地球規模の交換という等質的で空虚な空間の中に存在しているのである。

啓蒙主義

商業主義的美学は、悪評を買うようになっていった。それは驚異の念を誘発するすべてのもの、突飛なものやグロテスクなものを重宝した。〔それに対して〕宮廷的で芸術家的な気高き美学は、趣味や、判断力や、様式といったものを推進した。ただ驚異の念を満足させるだけのコレクションは、たんに幻想的で、ガラクタみたいで、キッチュな物品にすぎないとみなされ、地位が下がってしまった。

自然科学者たちは、宗教に対して絶え間ない敵意を示した。彼らは、奇跡を承認するように導くという理由で、驚異の感覚や幻想を非難した。啓蒙主義は、驚異を〔理性的な〕懐疑に置き換えたのだ。しかし「驚異の部屋」は、認識論的な水準では機能し続けた。それは事実を、理論や、解釈や、説明から切り離した。〔「驚異の部屋」を通して〕予期せぬものや予測しえぬものと繰り返し接触し、衝撃を受けることによって、博物誌的な説明がどれほど首尾一貫して、矛盾がなく、完全なものであっても、そうした説明から、事実を引き離して考えることができた。大学や実験室が建てられ、蒐集家と知識人の「驚異の部屋」が、教育的な目的のために求められるようになっていった。

コレクションは選別され、整理された。リンネや、ビュッフォンや、ラマルクの分類法に従って、展示品が組織的にまとめ上げられた。変則的で奇怪な物品のコレクションだったものが、物品の連作性やシーンの連続性をディスプレイするものとなった。保存された蝶はピンで留められ、属や、種や、性が示された。大学の諸学部が、昆虫や、木の葉と果実や、貝殻や、鉱物サンプルといったものの完全なコレクションをディスプレイすることに着手した。かつて「驚異の部屋」が提示していたのは、不規則的な事物の劇場であり、そうした事物は文脈を外され、分類不能なものや、怪物的なものや、恐ろしいものを目の前にしたときの驚異の念を誘発するように示されていた。今や科学者たちが示しているのは、何よりもまず同定と分類の原則を展示している展示品であり、一個の分類法、一個の命令的システムであった。岩のサンプルや、木の葉や、貝殻や、蝶は合理的なシステムに従って整理され、自然の秩序を例証するものとなった。今や展示品は包括的な悟性を要請し、予測が可能になった。医学部は、解剖学的な展示品や、奇形や、病気に関する展示品を獲得した。理学部と実験室は、生物学的展示品、植物学的展示品、鉱物学的展示品や、技術的装置に関する展示品を集めた。諸大学や諸都市が、博物誌と自然科学の資料館〔博物館〕を設立した。

君主たちや貴族たちが打倒され、私的な芸術コレクションが押収される事態にいたったとき、「驚異の部屋」を自然科学の展示品や博物館へと変形させた原則が、今や国家の手に委ねられ、公衆に開かれた芸術コレクションに対して適用されることになった。ヨーロッパの古い教会から取り外した祭壇部が加えられ、古代ギリシアや古代ローマの神や女神の彫像や、アジアから持ってきた偶像などが、帝国の征服地から取り戻された。さまざまな芸術作品が、地理的・文化的な由来や年代順に従って同定され、分類された。ヨーロッパの帝国主義や啓蒙主義の進展が動機となって、文化の発達を展示するという関心が生まれた。最終的にはアフリカや、メラネシアや、インドのフェティッシュは、民俗学博物館の中に落ち着くことになった。

一八世紀に啓蒙主義の哲学者たちが練り上げた原始宗教の一般理論の中では、こうしたフェティッシュは、偶像とは区別されていた——たとえば、ヨーロッパの人々が慣れ親しんでいたような、精霊的存在を視覚的に表現するギリシア・ローマ的な形象とは区別されていた。哲学者たちが抱いていたような、当時の理神論的なキリスト教とは対照的に、偶像崇拝者たちは、不実な精霊の物質的代理物を礼賛していた。偶像は、それだけで立つものである。〔それに対して〕フェティッシュは、とりわけ身体にまとうものである。たとえば、仮面。あるいは、首にかける革の小袋。その中には化石や、石や、動物の歯や、牙が入っている。フェティッシュは、何らかの観念や理想、精霊の力といったものの記号や象徴ではない。アフリカの人たちは、精霊的なものと物質的なものを区別せずに、むしろいずれかの物質的事物を恐れ、礼賛していたのである。アフリカの宗教は、唯物論的で無神論的だったのである。実のところ、厳密な意味においてアフリカに宗教があったと言うことはできないだろう。魔術信仰だけがあったのである。

イマヌエル・カントは次のように記している。

アフリカの黒人たちは本来、些細なことを乗り越える感覚を持っていない。(……)彼らの間に非常に広範に広がっているフェティッシュの宗教は、おそらくは一種の偶像崇拝なのであって、人間本性にとってそれ以上は不可能だという深さまで、些細なことの中に沈んでいく。鳥の羽毛、牛の角、巻貝の貝殻、その他のありふれた物体どもは、数語で清められるやいなや、宣誓を行う中で崇拝の対象となり、祈りの対象となるのである。(3)

啓蒙主義は、フェティシズムについてアニミズム的に語るのだ。

西洋のフェティシズム

二〇世紀になり、ヨーロッパの植民地は徐々に、それぞれの独立を回復しつつあった。宗教に関する啓蒙主義の一般理論は、文化人類学的な相対主義へと置き換えられた。民俗学の中では、「儀式的物品」という語が「フェティッシュ」という語に置き換わった。その一方で、ヨーロッパの社会批評や精神分析の中では、フェティッシュという概念が枢要な分析概念となった。ヨーロッパ人たちは、それぞれに固有のフェティッシュを持つ者としてさらけ出された。

ジークムント・フロイトがフェティッシュという概念を借り受けたのは、西アフリカ人の慣習に関するオランダ人の報告と、原始宗教についての啓蒙主義的理論からであった。彼はこの概念を、諸個人が偏執的に大事にする事物を指すものとして用いた。そして、こうした事物は諸個人の動きや嫌悪をコントロールするのだが、その事物のいかなる特性がそうした衝動的感情を刺激したのか、彼ら自身には説明することができないとされた。精神分析はそれに、次のような説明を与える。しばしば身体にまとわれ、身体をコントロールするように感じられるフェティッシュなるものは、失われた身体的部位の代替物である。この失われた身体的部位とは、元をたどれば母親の中で欠けているように見えていたファルスである。その当時までに、ヴィクトリア朝の人類学者たちや、彼らの読者たちによるフェティッシュに関する考察の多くの部分が、ヒンドゥー教の図像学を構成するファルス的要素に焦点を当てていた。しかしフロイトは、このファルスへの偏執を一般化したのである。「女性の生殖器を見て去勢の恐怖を感じない男性は、おそらく一人もいない」と彼は書いている。女子割礼の光景を見て心的外傷を受け、同性愛に走る人々もいる。女子割礼による啓示の直前に見た物質的な物体に固着することで、啓示を一時的に棚上げにする人々もいる。

したがって、脚や靴がフェティッシュとして嗜好されるのは、（……）次のような事情による。つまり好奇心の旺盛な少年が、女性の生殖器を下から、彼女の脚を見上げながらじっと見つめたのだ。毛皮とビロードは、（……）陰毛の光景への固着であるが、その後には、女性のペニスという憧れの光景が続くはずだった。下着は、非常にしばしばフェティッシュとして選ばれるが、それは脱衣の瞬間を結晶化している。つまり、女性が依然としてファルスをもっているとみなされうる最後の瞬間を結晶化しているのである。(4)

したがって物質的フェティッシュは、非物質的で目に見えない何かに対して主体が感じる不安に、つまり物質的身体に投影されたファルスに対する不安に、その力のすべてを負っているのである。精神分析は、〔啓蒙主義と同様に〕フェティシズムをアニミズム的に説明しているのだ。

カール・マルクスはフェティッシュという言葉を、最大の交換価値と、最小の使用価値を持つ商品を指すために用いた。交換価値と使用価値とを異なるものにするのは希少性であり、かつまた製造に向けられる人間の労働量や、生産物の利用可能性である。これらのことは、今度は逆に、所有する者・生産する者・分配する者の間の関係ネットワークによって決定される。マルクス主義的分析は、このような制度化された人間関係のネットワークを、商品の交換価値を決定する目に見えない要因として明らかにするものである。

マルクスは、このようにフェティッシュの概念を反転させたのだ。資本主義において、金銭と商品はフェティッシュとして、貪欲や愛好の対象として取り扱われるが、それらは物質的な力における事物ではなく、目に見えない、非物質的な力によって価値を決められた事物なのである。西アフリカの人々の間では、フェティッシュとは取引の外に保持された事物である。しかしマルクスに言わせれば、事物がフェティッシュとなるのは、資本主義においてそれらが全面的に取引に投げ込まれ、〔最大の交換価値と最小の使用価値を持つ〕商品として姿を現す限りにおいてなのである。

オランダやポルトガルの商人が抱いていたフェティッシュの概念と、マルクスによって反転されたフェティッシュの概念とを接続するものは、事物が私たちに対して力を揮うという発想である。フェティッシュは、人間の中の情熱を刺激する。所有したいという情熱と所有されたいという情熱、貪欲と愛好を刺激するのだ。フェティッシュの力の前では、人間は事物によって運動の中に投げ込まれた客体であり、感受性と感覚を備えた実体なのである。

マルクスが願ったのは、このような商品の力を縮減することであった。彼の見方によれば、それは魔術的な力——偽の力——なのである。マルクスは、アニミズムを復活させているのだ。事物から発せられる祈りの言葉や呪いの言葉は、人間の声のエコーにすぎない。商品には、人間がそこに投影しただけの意味や価値以外の何ものもない。制度化された人間関係のネットワークにおいて商品の中に置き入れられたような、市場や労働量における希少性以外の何ものもないというわけである。

真のフェティッシュ

ヨーロッパと、西アフリカやその向こう側との取引関係が、植民地帝国主義に変わったとき、アフリカや、メラネシアや、ポリネシアのフェティッシュは、ヨーロッパの植民地開拓者や蒐集家の手に渡った。こうしたフェティッシュは、ヨーロッパの美的趣味の基準からすれば、質の低い材料で作られ、ぞっとするような形に彫られているが、目に見えない質、希少性、所有者・生産者・分配者からなる関係のネットワークといった理由により、〔交換〕価値を獲得した。フェティッシュは、植民地化された人々の原始的な不潔さと、植民地化する人々との間の関係を代表するものだったのである。

二〇世紀初頭、人類学的な文化相対主義と、フロイトの、大人における抑圧された幼稚症の回帰や、近代ヨーロッパ的な宗教や戦争における文化の原始的段階の回帰に関する教義が動機となって、部族的な工芸品に対する新しい関心が生まれ、その中で芸術家たちや愛好家たちの関心も広がった。アフリカや、メラネシアや、ポリネシアのフェティッシュのうちのいくつかは、その形態上の力によって賛美されるにいたった。ヨーロッパで、美術品の地位を得たのである。そうしたフェティッシュは、民俗学博物館がそれらを位置づけようとした、技術的・社会政治的な関係性から引き抜かれたのだ。柔らかい木や繊維でできた仮面は、かつて失神舞踏《トランス》の中で身につけられ、参加者たちのドラムや歌によって活性化され、祝宴の後で廃棄されたものだったが、今や裕福な蒐集家の客間の白壁でスポットライトを浴びることになった。ピカソや、マティスや、ブラックや、シュルレアリストたちは、「原始芸術」のコレクションを手に入れ、それが、自分たちの絵画や彫刻の中に移調可能な材質や形態を有している、との評価を下した。

美術品には、美しいものや崇高なものの降臨を前にした驚異の念や、同様に、恐ろしいものや不快なものを前にした驚異の念を呼び覚ます機能がある。物品を大量に、合理的に製造する近代世界において、有用性と交換価値——実際には、味気ない形態と実体——を全面的に決定しているのは、製造業者の設計図と、生産者・分配者・消費者の関係である。二〇世紀のシュルレアリスム理論によれば、美術品とは、真のフェティッシュである。それらは物質的な物品の中に、はかなく、繰り返し不能で、現実にならないような運動や出来事を凝縮する。しばしばフェティッシュと呼ばれるもの——愛国的な記念碑や旗など——は、たんに排他的な集団性を厳命する薄っぺらなアイコンにすぎない。お守りや、靴や、毛皮といったものは、総合的ならざる個人たちが格闘する際の、たんなる救命胴衣にすぎない。真の芸術作品は、全面的に、そして情熱的に個人を虜にするものだ。それらは、社会的コードに定式化できるような意味を表現する記号やアイコンなどではない。芸術作品に束縛された個人は、集団性からも、その厳命とその価値からも離脱しているのである。

しかしながら今日の美術品は、幸運の帯域へと開かれているわけではない。つまり、等価性の評定と契約関係が築き上げた、生産と取引からなる社会的領域の外に広がる帯域へと開かれているわけではない。美術館や私的蒐集家と一緒に働いている批評家たちは、ファウンドアート的で誰が作ったか分からないようなアフリカやメラネシアのフェティッシュに対してそうするのと同様に、現代に作られた何かに美術品の地位を割り当て、その交換価値を決定する。彼らはまた、それを作った者を創造的な芸術家という地位にまで昇格させる。〔彼らの言う〕創造的な芸術家とは、崇高なものを生《なま》の素材の中に投影する何者かなのである。ジェイク・チャップマン〔一九六二―。イギリスのアーティスト。チャップマン兄弟として知られる〕によれば、創造的天才としての芸術家とは、アニミズム的な神が世俗モードで回帰したものである。[5]

情報文化

私たちは現在、第三次産業革命、つまり情報革命の只中にいる。小型化によって情報技術の原料コストが縮減され、ロボット化によって労働コストが縮減された。ハイテク産業において情報は、主な原料であると同時に、主な生産物である。情報は富だ。繁栄とは、情報を獲得し、蓄積し、生産することだ。

新しい情報技術によって利用可能になった言語や象徴体系においては、結局すべての文化と、自然の景色や種が、つまり私たちがこれまで知覚し、これからも知覚しうるすべてのものが、同定され、記録され、分類され、比較され、解釈されている。何かの産業的生産物を実際に見る前に、私たちはインターネットから、その仕様や、用途や、利用可能性と一緒に、その写真をダウンロードすることができる。本を実際に買う前に、内容の要約とレビューをダウンロードすることができる。建築家や画家の展示会に実際に行く前に、作品の記録映像をダウンロードしたり、作品研究を読んだりすることができる。実際に西アフリカへ旅行する前に、地理、気候、経済、政治システム、建築、言語、宗教、料理などについての情報をダウンロードすることができる。スーダンに生えているバオバブの木を実際に見に行く前に、それがどんな種で、どのように繁殖し、どのような病気に冒される可能性があり、どのような用途に用いることができるのかといったことについての記述をダウンロードすることができる。

製品や、文化や、他の種や、自然の土地について、私たちはもはや素朴で直接的な経験を持つことはない。私たちが知覚するものは、すでに同定され、記述され、分類され、比較されたものである。私たちの知覚や出会いは、文化の特効薬である。メディアを介した文化の特効薬である。

私たちは情報によって、生産物や、文化や、他の種や、自然の土地と出会うのだが、そうした情報は、メディア技術の特定の能力に従ってファイルに入れられ、インデックスを付けられ、検索される。私たちがダウンロードする証明書や説明書は、概念的言語の状態、つまりシンボルやグラフの状態で存在している。すなわち、総称的で一般的な形式の状態で存在しているのだ。〔私たちがダウンロードする〕写真は、植物種や動物種の図解である。典型的な建物、儀式、衣服の図解である。時代・階級・文化によって異なる食事などについての図解である。

テレビでは、視聴者の注意を引き付け、保持するためにニュースが編集され、枠組みを与えられ、継ぎ合わされ、ドラマチックに演出される。ニュースは情報として、市場で売買される。消費財やサービスについての情報や、美術館やコンサートについての情報や、観光客や法的保護を呼び寄せようとしている街についての情報は、情報消費者たちの中の異なるターゲット集団に合わせて、異なるやり方で編集され、音声解説を付けられ、カットされ、照明され、ドラマチックに演出される。

自然に関する番組は、探偵物や、悲劇や、喜劇や、道化芝居や、資金集めパーティーとして映像化され、音声解説を付けられる。さまざまな民族や文化についての情報は、特定の方針に従って編集される。

情報経済は今日、一つの情報文化を誘導している。教養のある人間とは、たんに情報ハイウェイにアクセスできる人を指すわけではない。彼らはむしろ、さまざまなサイトやファイルのコレクションを持っている人なのである。彼らはそうしたサイトやファイルを、自分流に分類し、編集し、枠組みを与え、継ぎ合わせ、ドラマチックに演出することによって、個人個人が自分のアイデンティティを定義し、自分の地位を築き上げ、自分の重要性を秤にかけている。チャット・サイトで、他のメディア消費者たちのネットワークと交流し合うのだ。

今後、私たちが事物や、芸術作品や、文化や、種や、場所といつ出会っても、私たちが見たり、聴いたり、触れたりするのは、カテゴリーや、モデルや、原型や、物語などの実例であり、代理物なのであって、そうしたものは、情報バンクの中ですでに分類され、コンセプトを与えられ、編集され、ドラマチックに演出され、映像化され、音声解説を付けられているのである。私たちが見たり、聴いたり、触れたりするものは、事物の中にコード化されたものである。私たちに対して事物を賦活するものとは、情報なのである。

存在を語るフェティシズム

しかし私たちは、言葉を失うことがある。南極大陸の居住不可能な氷の世界の上で。命を奪われかねないヒマラヤ登頂の最中に。セコイアの木々が立ち上がる風や霧の中で。木々は二〇〇〇年もの間、征服と敗北を繰り返す人間の部族や共同体には無関心だった。そこでは、異邦的で非人間的な領地に宿る力が、私たちに話しかけてくるのである。

私たちを誘発し、誘惑し、動きを指令し、だまし、呪う事物たちは、別の世界からやって来る。パタゴニアの最南部にあるアルヘンティーノ湖畔の、プンタ・ワリチュと呼ばれる場所にある洞窟には、壁画がいくつか残されているが、そこには輪郭だけの手、波線のようなもの、「モールス信号の」長音記号や短点記号のようなものが描かれている。管理人はテウェルチェ族の一員である若い女性であった。彼女は人類学を学んでおり、壁画について知られていることをすべて教えてくれる。この洞窟の壁画からは、紀元前約四〇〇〇年に遡る炭素が検出された。誰が、どのような信仰に基づいて描いたのかは分かっていない。彼らの名前も知られていない。これまでのところ人類学者たちは、これらの波線や長音・短点記号が何を示しているのか、推測することすらできていないのだ。

人類学者たちによると、最後の氷河期の終わりに、小さな一群の人々がベーリング海峡を横断して、未知なる北アメリカ大陸に渡った。彼らが、何百マイルも打ち続く氷河を横断していく様を想像してみよう。最終的に彼らは、氷河が溶けて崩れている帯域にたどり着き、そしてたくさんの生命が蠢く森林と草原の土地へと南下して行った。彼らはそこで止まらなかった。中央アメリカ半島を南下し続け、南の大陸に入って行った。彼らはまだ止まらなかった。南極海の縁まで来て、もうその先に進むことができなくなった。この人々の信仰の幾許《いくばく》か、この叙事詩のような大旅行の記憶の幾許かが、ここに、この洞窟の壁に染みついた鉱物性顔料の線の中に見られる。彼らの身体は鉱物となって大地の内部に移動したのだ。あるいは、荒れ狂う海の中に溶け込んだのだ。あなた方が山で、谷で、地の果てで、海で、どこで生活を過ごそうとも、彼らはいつも傍にいる――あなた方の民族が、摂理を示す擬人的な神を信仰しても、あなた方の時代に理性が君臨しても、それにもかかわらず彼らは傍にいる。

死の床にあるあなたの母親が、リネンのテーブルクロスをくれると言った。それは、クローゼットの一番上の引き出しに入っていた。彼女がそれを広げたのは、あなたの知るかぎり数回だけ、祝い事のときだけであった。アパートの中の残りのもの――家具や、台所用品や、衣類など――は、グッドウィルにリサイクルに出すか、捨ててしまうことになるのを彼女は知っていた。リネンのテーブルクロスは、彼女がアメリカでやっていくために一人でリトアニアを離れたときに、農民だった彼女の母親に、どうしてもと言って彼女がもらった唯一のものであったという。彼女の母親は未亡人で、リトアニアを離れたがらなかった。あなたがリネンのテーブルクロスを持ち出すのは、本当に数少ない機会だけ、二、三の親しい人たちと食事をするためだけだ。それを広げると、一〇〇年前に織り合わされた亜麻糸の繊維が、軽く触れるようにと指に忠告してくる。そして、祖母のことを語ってくれる。彼女が愛した北国の沼地のこと、周りを舞って彼女を包み込んだ木の葉のこと。そして、どうして彼女があの土地をけっして離れようとしなかったのかを語ってくれる。

植物を置くことで、あなたはたんに自分のアパートを装飾しているのではない。毎日水をあげる時間を確保せねばならないし、ちょうどよいくらい光が当たっているかを見たり、寄生虫に注意したりしなければならない。世話するのに費やす時間は、ただ楽しみのために観賞する時間より一〇倍は長い。飼っている熱帯魚に病気が蔓延すると、あなたはすべてを放り投げ、午後を全部使って魚たちを隔離所に移送したり、水槽を洗浄したり、水の塩分や生化学的特徴をテストして調節したりするだろう。熱帯の太陽が差し、その季節が訪れれば、植物から気が逸れるし、海に行けば、水槽から気が逸れるのだが。

ある日の午後、あなたは拡大鏡を取り出して、アリスさながら不思議の国を覗いてみた。ソファーの角に、ダニやセイヨウシミたちの全生態系が広がっている。水槽にいるコーラルフィッシュやイソギンチャクのように、ダニやセイヨウシミたちがわれ先にと進んでいく探検旅行は、バレエを踊っているようだ。しかも彼らのデザインは美しい。あなたはコップに付着した唾液に少し触れ、それを顕微鏡にセットしてみた。数百種類もの細菌をじっと見ていると、いくつかの細菌が持っている入り組んだデザインに眼が釘付けになる。そんなものが自分の口の中に生息し、自分と共生しているのだ。

裏のテラスの望遠鏡や、地球の大気圏外から大宇宙を眺めているハッブル望遠鏡が見せてくれるのは、あなたが住み着いている隙間が組み込まれた宇宙であり、あなたが持っているインターネットのサイトとファイルの個人的なコレクションが組み込まれた宇宙である。データ・バンクの中でプログラム化された情報がますます膨大なものになるにつれ、銀河や、新星や、暗黒の宇宙空間の規模はさらに広大なものであることが明らかになる。地球が太陽の圏域に組み込まれていることや、太陽があらん限りの速度で燃え尽きようとしているのが見える。太陽が、天の川銀河という巨大な宇宙規模の渦巻きの中で、渦を巻いているのが見える。数え切れないほどの銀河が爆発し、無限の広がりと無限の距離の彼方へ向かっていくのが見える。いかなる望遠鏡も、まだそれを追跡することができない。新しい望遠鏡や、宇宙船による外部空間への旅は、あなたの宇宙観を、私たちが対処している環境的区域をはるかに越えて広げていくことだろう。それは、これまで私たちが思い描いてきたいかなる神よりも異邦的で力に満ちた物質的存在――星、新星、ブラックホールなど――によって、私たちの心を導いていくことだろう。

ポトラッチ

肉体の取引

交換

財やサービスの交換は、人類と同じくらい古いものなのではないだろうか。そして、人間同士の原初的な連合形式もまた、そうではないだろうか。フリードリッヒ・ニーチェはこう書いている。

値段を設定し、価値を決定し、等価性を考案し、交換すること（……）そうしたことが、人間の最初期の思考を支配しており、その範囲が非常に広いため、ある意味では、彼らは思考をそうした活動として構成したのである。まさにこのとき、最も古い抜け目なさが発展した。思うに、同じ時期に、人間の自尊心、つまり他の動物に対する優越性の感覚が初めて生まれたのである。(1)

他の霊長類が形成する集団が団結するのは、防衛のためであると同時に、種の内部で、引き付け合い、影響し合い、性的な関心を持ち合うという基本的な働きによってである。人間の社会が形成されるのは、財とサービスを交換するという日々の実践の中で、互いに依存し合っている限りにおいてである。最初に市場における約束や、義務や、債務を認めたことが、引き続いて、内的法則によって統治された社会が発展するための基礎となったのだろう。

とはいえ、ニーチェと人類学者クロード・レヴィ＝ストロースがそれぞれの仕方で論じていたように、社会の基礎となる原初的で基本的な市場は、商品の交換ではなく、人間の交換であった。

人類学者たちは、社会があるところならどこにでも近親相姦のタブーがあるということに気がついた。ジークムント・フロイトは、その起源を個人の感情のうちに求めた。かくも厳しい禁止が仕組まれたのは、それと同じくらい強烈な欲望を抑圧するためでしかありえなかっただろう。この欲望は、両親に対する幼児の、感情的でエロティックな一次的つながりであっただろう。そして、かつては自分の身体の一部であった幼児に対する、母親のつながりであっただろう。レヴィ＝ストロースは、〔近親相姦のタブーに否定的な効果しか認めなかった〕フロイトとは違い、近親相姦のタブーが持つ実定的な効果に注意の焦点を向けた。近親相姦のタブーは、社会の普遍的法則――つまり、社会を生み出す法則であると、彼は宣言した。近親相姦のタブーは、確かに一個の禁止であって、個人は自分の拡大家族〔祖父母・おじ・おばなどが一緒に住む大家族〕の範囲内で結婚してはならないと宣告しているのである。

近親相姦のタブーが実定的に宣告しているのは、両親が、息子／娘のための配偶者を、家族の外に見つけねばならないということである。このタブーはあらゆる氏族を二つの半族に分け、諸半族の間で、息子と娘の交換を仕組む。息子／娘は、家族にとっての経済的な財産なのだ。息子は狩りをする。娘は菜園造りし、布を織る。家族の長は別の家族の所に赴き、息子の配偶者を得る。しかし彼は、相手の家族の損失分を補償せねばならない。交換に差し出すための娘がいないこともあるだろう。父親は、ブライド・プライス〔花婿側の家族から花嫁側の家族に送られる財産や金銭〕を運んで来る。二つの家族は同意して、家の棟上《むねあげ》を行ったり、敵に対して防衛したりすることを通じて互いを支え合うだろう。この同盟関係は、永続的な経済的・政治的同盟関係となるだろう。家族間や、氏族間や、半族間で、娘や息子を配偶者として規制的に交換することが、家族間で財やサービスを規制的に交換することの基礎になるというわけである。

　娘と息子が家族間や半族間で交換されるという、この社会創設的な協定の手前に、財とサービスの交換といった、何かより基本的なものを求めるべきではない。実際、狩猟採集民の間では、誰もが自分と自分の子供のために狩猟し採集する。他の霊長類と同様に、一部の人間の間の感情的絆が、食物や住居を分け合う動機になったのだろう。狩猟採集民が、自分にとって必要な分や、自分が使うことのできる分をはるかに超える収穫に出くわしたとき、たまたま手に入ったこの臨時収入をみんなで分かち合うことになったのだろう。とはいえ、こんな風に分かち合うことは、あくまで因果関係に基づく事例なのであって、規則や、約束や、義務などを生み出すようなものではない。

ニーチェに言わせると、市場の中で売り買いされているのは、快楽である。市場へと向かう者は、ヤム芋や羊の毛皮を、たんにその物質的な本性において欲しがっているのではない。むしろ美味しい食事や、暖かい寝床という快楽を欲しがっているのだ。人間の身体が、快楽の源泉となることもある。レヴィ＝ストロースは、娘や息子というものを、もっぱら経済的な財産として、つまり、生産する者、繁殖する者として思い描いていた。彼の分析は、結婚する予定である相手の身体を快楽の源泉とみなすような、求婚者の欲望を考慮に入れていない。確かに男性が女性に望むのは、菜園に作物を植えることであり、男性が野生のイノシシでも狩ることができるように、食事を準備することである。しかしながら、まさに女性の身体が官能的快楽を発生させる第一級の装置であるからこそ、男性たちは競い合うのだ。だからこそ、男性たちは女性の両親に、彼女の対価となる物質的財を、そのときもその先も、山のように供するのだ。こうして求婚者には、大きな菜園と、野生のイノシシを狩るための時間が必要になるのである。

市場が始まるのは、財とサービスの交換が規則に従って統治されている場所である。交換が必ずしも直ちに行われるのではなく、しばしば時間を越えて遅延するような場所である。つまり、約束や、契約や、義務が存在している場合であり、それらが遵守されている場合である。ニーチェが注意を集中したのは、どのようにしてそれらが遵守されているのかという点であった。財は受け取っていないが、その債務者に身体的な刑罰を課す契約は交わしているといった状態を許容するような、そんな奇妙な慣習の背後にはいったい何があるのだろうか。ヤム芋や羊の毛皮のために契約を交わした者が、債務者が痛みを被ることで満足するなどといった事態はどのようにして起きるのだろうか、とニーチェは問うているのである。

私たちは快楽を望むものだが、私たちの誰もが、苦痛を快楽に変えることができる。私たちの身体は、山登りの緊張と筋肉の痛みを、震えるような官能性に変える術を知っている。私たちの身体は、不機嫌な気分を陰気な満足に転換することで、何とかそれに耐えるのだろう。子供のころから私たちの身体は、追いかけられたり、地面に投げ飛ばされたり、息をしようとあえいだりしていても、それを高揚した陽気な気分に変える術をすでに知っている。フロイトによれば、積み上げられた物理的・心理的構造物を粉々にしてしまうような活動は、オルガスム的な興奮を生み出すのである。フロイトは知的なストレスや、口論や、遊び仲間とのレスリングや、鉄道旅行などを引き合いに出している。

そして私たちの身体は、他の身体の苦痛や痛みを快楽として経験する術を知っている。私たちはどれほど冷静に、怯えて不安げな他人の眼を見つめることだろう！　断固とした様子と手厳しい言葉で自分の行く手を塞ぐ者が、目の前でつるつるの床に滑って倒れるのを見たら、私たちはどれほど笑うことだろう！

ある男が、私が狩りで仕留めたブタを手に取り、次の市場の日に羊の毛皮を持って来ると請け負った。彼は調達することができなかった。あるいは、するつもりもなかったのかもしれない。彼はもう私のブタを、家族に食べさせてしまっていた。［ブタの対価として］彼と性交したとしても、快楽は生まれなかっただろう。そして、彼には娘もいなかった。だから私は、彼をぶん殴った。彼をぶん殴って、彼が血まみれになり、私の足元にひれ伏すのを見るという快楽が、私が貸し付けている羊の毛皮がもたらす快楽と同等だということに気付いたのである。ある若いチンピラが、私たちのアパートに押し入った。警察が捜し出したときには、彼はもう私たちのハイファイ・セットやCDのコレクションを売り払い、ドラッグに変えていた。ドラッグは、すでに吸い尽くされた後だった。夕方のニュースで、彼が手錠をかけられたまま裁判所に連れて行かれ、「三球目のストライク」だということで終身刑を言い渡されるのを見たとき、居間でくつろいで退屈しきっていた私たちの身体は、どれほど輝いたことだろう！

こうして見ると、市場とは、たんにブタや、ヤム芋や、羊の毛皮の置き所を取引する場所ではないのだ。それは人間が快楽のために、互いに契約を交わす場所なのである。誓約は、人間の身体によってなされる。物質的財の交換を統治する等価性の計算や、規則や、義務などは、快楽的物品としての人間的身体を売り買いするような、より基本的な市場の上に成り立っているのである。

レヴィ＝ストロースは、家族間や半族間で配偶者を規制的に交換することが、市場社会の最初の基本形式だと考えた。彼が気づかなかったのは、結婚する予定である相手の身体を快楽の源泉とみなす求婚者に特有の状態によって、それ〔市場社会〕とは本質的に異なった、娘と息子の交換形式が決定されうるということであり、つまり、本質的に異なった社会形式が決定されうるということである。人類学者シャーリー・リンデンバウム〔生年不明。アメリカ合衆国〕は、メラネシア地域における結婚の遺り取りに関して、三つの基本形式を区別した[2]。第一の形式においては、身体的液体が交換を請け負い、交換において与えられる〔「身体的液体の遣り取り」〕。第二の形式においては、身体的部位が遣り取りの内実となる〔「身体的部位の遣り取り」〕。第三の形式においては、身体の生産力や身体が財産を生み出す能力が、遣り取りの内実となる〔「生産する身体の遣り取り」〕。第四の形式にも進化するかもしれない。この場合は外的財産が、身体的生産力に関する証拠や保証として交換されることになる。

これらは身体に関する、構造的に異なるタイプの遣り取りである。最初の形式が、年代的にも構造的にも最も原始的だというわけではないし、最後の形式が最も進歩したものだというわけでもない。四つの種類の遣り取りすべてを、今日の西洋社会の中に見出すことができるだろう。

身体的液体の遣り取り

人類学者のギルバート・ハート〔一九四九―。アメリカ合衆国〕が（彼らを保護するための偽名を用いて）「サンビア族」と名付けた人々が、パプアニューギニアにいる。彼らは支配者を持たずに自治区域で暮らしている[3]。サンビア族の社会は、二面構造の経済を有している。男性は狩猟採集し、秘密の果樹園を管理している。女性は菜園を造っている。男性は男性用食品を食べる――たとえば、自分で栽培したり、手入れしたり、狩りで賭けに勝って手に入れたりした、パンダナスの木の男性ミルクを飲む。男たちは男たちの家で一緒になって料理し、食事する。男同士の関係は非常に平等主義的だ。

男同士の戦闘には戦いを仕切る者〔バトル・チーフ〕もいないし、戦術もない。それは領土や、戦利品や、女たちを獲得するための戦争ではなく、獰猛なる個人主義の祝祭なのである。

女たちは菜園を造り、育てた作物を食べる。既婚の女は、子供と一緒に自分の家に住んでいる。夫がセックスのために訪れることもあるが、彼は男たちの家に戻って眠る。妻は別の区域から連れてこられるのだが、自分のもともとの家族との結び付きを残しており、揉め事が生じたときにはそちらに力を貸す。したがって遣り取りを行ったからといって、その女性のすべてが男性の所有権に引き渡されるわけではないのである。息子たちについては、両親がその教育に係わることはない。彼らは氏族全体によって、成長の段階に従って技能や任務を授けられることになる。娘たちについては母親が保護し、女たちの流儀で教育を授けることになっている。

主要な社会的活動は、若い男が別の区域に行き、配偶者に関する遣り取りを行うことである。別の区域の男たちの妹を連れてくる代わりに、その妹の兄と誓約を交わし、その兄の息子に自分の姪を差し出す。その後この若い男は、自分の男性的エキスを、自分が連れてきた女性の、七歳から一六歳になる弟たちに与える。弟たちに自分のペニスを吸わせることによって、彼らを母親の女性ミルクから離乳させ、男になるために必要な男性ミルクを飲ませるのである。

サンビア族にとって、生命の本質は液体的なエキスである。血液にも、女性ミルクにも、男性ミルクにもそれは入っている。人間の身体は液体を生産するものではなく、むしろ液体が通る管である。パンダナスの樹液ミルクは女性的本性のミルクであり、男たちによって吸収される。そして男性的身体の内部で、ペニスから放出される男性ミルクに変質する。男たちはペニスのミルクを、少年たちが男に成長するように彼らに与える。少年たちが男たちのミルクに満たされ、ミルクが彼らのペニスの中を流れるにいたったとき、少年たちはそれを少女たちの口に与える。いつかそのミルクは少女たちを満たし、彼女たちの胸を膨らませることだろう。

そして女たちの余分な血液がそのヴァギナから流れ出るとき、夫は自らの男性ミルクをそこに流し込む。来る日も来る日も男たちは絶え間なく女たちを満たし、女性の血液と男性ミルクが混ぜ合わさる中で、子供が凝固する。子供とは、そうやって〔男性と女性が〕共に生み出すものなのだ。サンビア族の間では、成熟した男性の身体と成熟した女性の身体は同等であり、共に二本の管として、子供が女や男に成長するようにミルクを与えるのである。男が男であるのは、女や少年に男性ミルクを与えるときである。ミルクの流れが止まると、男らしさが失われ、性別がはっきりしなくなる。男性／女性のアイデンティティは、流れの中にある、液体的なアイデンティティなのである。

サンビア族の間では、身体的液体は自由に流れるわけではない。それはコード化され、排出量規制されている。社会を組織化する基本的な連合作用は、自己の幾分か——液体的自己の液体的な幾分か——を遣り取りすることである。

マンハッタン。彼は仕事でシカゴや、LAや、ベルリンや、東京に行き、会社の支払いで夕食を食べ、ホテルに泊まり、シングルス・バーに行く。私は仕事で、上品な服を着て、広告担当の重役や別の街の人材スカウトと夕食をとらなければならない。私と彼には、さまざまなネットワークの友達がいる。この街は、劇場や、画廊や、カフェや、ディスコを含む区域なのだ。私たちは私的なキー・クラブ〔会員制ナイトクラブ〕を経営している。場所は、アッパー・ウエスト・サイドにある自分たちのアパートだ。室内は、業者に装飾してもらった。外食するときもあれば、ここで食事するときもある。メイドを一人雇っている。子供はいない。コンドームをつけて、セックスする。私はバイブレーターや、ディルドを持っているし、彼の尻の穴は私のものだ。彼がフェラチオする。私もフェラチオする。彼が私の乳首を少しかじる。私は彼の乳首に噛みつく。エレベーターの中で舌を絡ませ、タクシーの中で舌を絡ませる。昼休みに、彼のオフィスと私のオフィスの中間にある日本食レストランで会って、舌を絡ませる。彼の神経回路は、蛍光色にきらめく我がビッグ・アップル〔ニューヨーク市〕の地図に接続されていて、私が見る夢は、彼のプライベート映像の外周を航海する。私のステップは、彼の心臓内の歌のリズムで動く。彼の機知やナンセンスは、私の機知やナンセンスに反響する。私たちのおしゃべりは個人語《イディオレクト》であり、秘密の仄めかしや、個人的な冗談や、奇抜な分類法や、倒錯的な説明でできている。私たちは団結し、オフィス・ビルのホールやデスクで悪党らしいいたずらをしたり、カリブ海クルーズの船に乗って島から島へと冒険したりする。私たちの間では、洗練されていると同時に堕落した感情が、前へ後へと転がっている――光に照らされたプラスチックの箱に海が入っていて、小さなモーターが、それを前へ後へと傾けているのだ。

身体的部位の遣り取り

イリアンジャヤの東部山岳地帯にある小高い渓谷が濡れているのは、高地にある山々の周りに集まった雨や、溶け出した氷のせいである。人々は深い溝を掘って、せり上がった区画に菜園を造った。女たちは森から食料を集めては来ないが、菜園を造る術には長けている。菜園造りは非常に骨の折れる作業だが、この土地には春期しか来ないので、作物が不作になることはない。溝を掘ったり、収穫後に菜園区画を移動させたりすることを除けば、作業は女性によって行われる。雑草を溝に投げ込み、腐った塊りをすくい上げ、それを菜園にまた撒いて、次の植え付けの準備をする。それによって、女性たちは土壌の肥沃さを維持することができるようになった。今では必需食品として滋味に富むヤム芋を栽培し、それに添えるために数多くの種類の野菜を栽培している。女性たちは農耕によって繁栄しているので、野生生物が豊富な高地の森で過ごす男性たちからは経済的に自立している。男たちは森の中へと出かけ、狩猟の祝宴と共に帰ってくる。男たちは狩りをしたり、首を狩ったりしているのである。

東部山岳地帯の若い男が歩いている。誰よりも高貴で獰猛な密林の王のような装備で、耳たぶや、鼻孔や、腕や、ペニスにはピアス穴が開いており、そこに野生のイノシシの牙や、自分が戦ったヒクイドリのくちばしや、ワシの爪と羽根や、そして貝殻などが差してある。貝殻を手に入れるためには、危険に満ちた密林の、長く続く滑りやすい小道を勇敢に下って行き、沿岸部に住む人々に会いに行ったものだ。そこでは人々が、貝殻を求めて、サメが巡回する海に飛び込んでいたのだ。彼は戦士である。彼が参加する戦闘は、アステカの「花戦争」〔アステカ人が近隣部族に対して行った戦闘活動。祝祭用の生贄を獲得するという儀式的な側面が強い〕である。あるいはむしろ、「フウチョウ戦争」〔と呼ぶべきもの〕である。それらは歓喜に満ちた儀式的な祝祭であって、そこでは誰もが自分自身の長《おさ》であり、自分自身で戦略を練り、自分自身の勝利を祝賀する。渓谷の反対側に住む人々と衝突したとき、彼が追っていって殺害したのは、鼻孔にイノシシの牙をつけ、きらきら光る黒フウチョウの羽根をずらりと頭に巻いた男――敵方の中でも、最も勇敢な戦士だった。彼は自分が打ち負かした相手の頭を切り落とし、肉を剥がし、脳みそをかき出して、家の扉の上に引っ掛けた。死骸は食べた。戦士の誇りや獰猛さは、今や彼の腹の中でくすぶっている。

今、彼はもう一つの居留地に妻を探しに行くところである。彼の区画の男たちは、この居留地とある季節は共に戦い、ある季節は敵対して戦った。彼は、妻になる女性の父と兄弟たちに、牙や、爪や、貝殻や、羽根を運んでいき、それらを自分の身体から切断しようとしている。彼はそれらを、彼女の父と兄弟たちの鼻孔や、耳や、腕や、頭に移植しようとしているのだ。それによって、山の王であり海の王である動物たちの武器や力が、彼らの身体に組み込まれ、狩猟者としての男性的な力が高まることだろう。彼女の父と兄弟たちは、彼のことを我が息子、我が兄弟とみなすだろう。そして彼に父の娘、兄弟たちの姉妹を与えてくれることだろう。

グイド〔グイド・ダッコ。一九四〇年代生まれのイタリア人ドライバー〕はシチリアで生まれた。高校を中退し、監獄で時を過ごした。まずはバイク窃盗の罪で。次にBMWを盗んで。このときは、山道を時速一五〇キロで飛ばしているところを警察に追跡された。地元マフィアの幹部であったパブロ・パドロンは、そのレースの模様をテレビのニュースで見ていた。パブロが監獄にいるグイドを訪ねた。一ヵ月後、彼は釈放された。パブロは彼に、F1レーサーになる訓練を受けさせた。ル・マンでは、ブラジル人のアイルトン・セナから数秒遅れに迫った。

ジョバンニ・ボッシは、彼の祖父が設立した高級自動車製造の会社を、ミラノで経営していた。良いときも悪いときも、会社は上手く切り抜けていた。この会社の車は、資産家のエリートや多国籍企業の重役補佐たちには有名だった。一般の人はボッシを見たことがなかった。政治家たちがイタリアの運命を決定しているような、大理石に覆われたラウンジで、彼の顔を見かけることはなかった。幾度となくボッシは、巨大な自動車製造会社との合併を強要されたり、市場が大きく拡大する見込みを提示されたりした。しかしボッシにとって一族の誇り——彼の誇り——は、全世界が畏敬の念を抱くような、侍の刀のように洗練された貴族的な自動車を製作することであった。

彼はグイドに連絡をとった。「リオ・グランプリで、ボッシの車を一台運転してみる気はないか?」グイドが娘のジュリアをちらちらと見ていること、そしてジュリアが燃えるような目でグイドを見つめていることに、ボッシは気が付いた。彼にはもう分かっていた。自分は、議会の名士たちやイタリアの大物たち全員が見ている前で、新しい副社長と結婚する娘をエスコートしながら、ミラノの大聖堂の階段を降りることになるだろう。大聖堂には、グイドがリオで使ったレーシング・カーに乗って、ジュリアと一緒に到着するだろう。髪が風に吹かれてぼさぼさになるだろう。まるでライオンのたてがみのように。

生産する身体の遣り取り

パプアニューギニアの西部大山脈にいる女たちは、作物の粗放栽培に長けていることに加え、ブタの大群を家畜化していた。男たちが森での狩りから持ち帰ることができる獲物は、豊富なわけでもないし、頼りにできるわけでもない。しかしながら、男たちは聖なる儀式や、社会のイデオロギー的上部構造を牛耳っていた。女を獲得するということは、外的な財産を生み出す者を手に入れるということであり、だから男たちは、一人以上の配偶者を獲得することに駆り立てられていたのである。男たちは儀式的・政治的領域における地位を利用して、他の男たちと遣り取りを行い、たくさんの女性を獲得することができるというわけだ。

ここに、第七段階のイニシエーションを経て、氏族の一員として認められた一人の若い男がいる。彼は、男たちの秘密の神話や儀式を知っている。彼にとって、妻を獲得するということは、財産を生み出す者を手に入れるということであるが、彼はまた、儀式的・政治的領域における地位をも手に入れなければならない。彼は男であり、今まさに「大いなる男」になろうとしているところだ。彼は、ある有力者の娘を妻として獲得することに決めた。地位も財産も持っていて、秘密の儀式の守護者でもあるその男の家庭に入ることによって、彼はより多くの妻を獲得し、より多くの財産を手に入れることができるだろう。

彼は、狩猟において卓越した能力を発揮するつもりだ。彼の父は、貸しがある男たちに呼びかけてくれるだろう。最終的に彼は、珍しい貝殻や、儀式的な物品や、地位を示す記章や、莫大な量の狩りの獲物を、その有力者とその息子たちの前に、積み上げることができるだろう。こうしたものは、狩りによっても、そして政治的な付き合いを通じても、財産を獲得することができる彼の男性的力を証明するであろう。貝殻、儀式的物品、記章といったものは、義理の父親になるはずの者や、義理の兄弟になるはずの者たちの身体の上に移植されるというわけではない。それらは、その家族の財産に加えられるのだ。狩りの獲物は、祝宴で消費されるだろう。そこで義理の父親は、彼を、他の男たちとの付き合いや義務に含めてくれるのだ。求婚者が運んで来るのは自分の身体であり、「大いなる男」の身体である。しかし彼が供してくれるものは、義理の父親をさらに「大いなる男」にする財産なのである。

ここ一〇〇年間のうちに、こうしたメラネシア社会は西洋社会との関係に入っていった。村落における食物生産は、女性たちによって提供されている。獲物が減り、首狩りを止めて、若い男たちは白人たちの大農園や炭鉱に引っ張って行かれるようになった。彼らには、稼いだお金で、大農園や炭鉱といった生産的な財産を獲得することは、事実上できない。儲けの多い大農園作物は、彼らの故郷である山岳地帯では育たないのだ。彼らは給料を使って、金属のバックル付きのベルトや、腕時計や、男らしいジャケットや、ついにはバイクを買った。そしてこれらのものを村に持ち帰っては、ブライド・プライスに供して、地元で財産を生み出す女たちと交換するのだ。義理の父親たちはそれらを、男性社会の中での地位を構成する貝殻や、儀式的物品や、記章などが入った貯蔵庫に加えていく。大いなる男は、白人男性に評判のよい倹約的な物品で自分の区画を満たすことによって、自分の威信を白人の男性社会にも広げていく。一人の父親が持つことができる最大の力は、白人の労働者採用官が商取引せざるをえないような、村の長になることである。

　白人の男たちは、地域内に一つの社会を持っている。彼らの付き合いや、他の大いなる白人の男に彼らが貸しているさまざまな債務によって、彼らは大いなる男となったのだ。彼らは他の大いなる白人の男と契約して、生産財や、大農園や、鉱山や、輸送船を請け負ってもらっている。彼らは先住民の大いなる男と遣り取りして、自分の大農園や鉱山で働く黒人の労働者を手に入れた。こうした労働者たちが採取する原材料や、彼らが収穫した商品などを、白人の男たちは利益のために売り買いし、その利益にさらなる利益を付けて投資した。メラネシアの大いなる男たちの財産は、非生産的な財産だった。それは祝宴の中で、他の家庭や大いなる男との付き合いや、そうした男たちの義務を自分にまで広げることに消費された。〔それに対して、〕大いなる白人の男の財産は、さらなる物質的財産を生み出すものである。彼らはそれを用いて、付き合いを広げ、次席社員やライバルたちを買収し、銀行家たちに負債を課したのである。資源が、彼らの欲求を供給しているのだ。さらなる資産を生み出す資産が、彼らの独立性や、自由な発意や、地位に、物質的基盤を与えたのである。

大いなる男は、同じ種の者と結婚する。この場合遣り取りの中で姿を現すのは、誰かが所有する財産であり、彼の身体に社会的力を与えるような、他の大いなる男たちとの付き合いである。求婚者が義理の父親になる予定の男の所に行くとき、彼は大いなる男の身体を携えて行く。彼は大農園で最年長の息子になる。彼は付き合いを持つようになる。たとえば、彼はラジ〔英国のインド統治〕の役員になる。父親は将軍である。あるいは、傑出したロンドンの法律家の息子になって、オックスフォードで教育を受ける。彼らが行う結婚は、大農園や、鉱山や、海運会社の間の同盟であり、合併なのである。

サンパウロのラウンジ・バー。空が見えるベルリンのレストラン。ロサンゼルスのおしゃれなクラブ。私たちは職業人であり、裕福で、心が広く、健康に気を遣っていて、教養があり、繊細な白人男性である。学があり、経済的に自立していて、都会慣れし、あけっぴろげで、思いやりのある女性と会っているところだ。私たちは野蛮人でもなく、婚約しているわけでもないので、ただたんに身体的部位を見せびらかすことはない。私たちは「着衣で」で自分を紹介し、自分を演じなければならない。クラブかどこかへ向かい、リムジンから足を踏み出す。あるいは、ハーレー・ダビッドソンから降りる。大人しい振り付けや、偉そうな振り付けで身動きする。仄めかすようなレトリックが、ますます入り組んでいく。仄めかしたわけではないものが、増えていく。こうしたことによって、私たちの身体に注意が引き付けられる。色の付いたコンタクトレンズと、髪の植毛、ダイヤモンドの首飾り、あるいはカミソリの刃、デザイナー・ガウン、あるいは革のジャケット。こうしたものによって、私たちの身体が私たちを代表するのである。

振り付けされたかのような動きが私たちの身体の周囲に織り上げる、目には見えない衣装。きらめく仄めかしが私たちの身体に投げかける、洗練された照明。こうしたものが、私たちの訓練や、教育や、商才や、付き合いを照らし出し、私たちの身体を強化する。私たちはテレビを面白がり、新進のスターたちを面白がり、そういった知識をも装飾品にしてしまうオタクたちを面白がる。カンザスやベルギーから来た即席の重役、即席のファッション・モデル、即席のパンクが、アッパー・イースト・サイドや〔パリの〕六区から午後の買い物を終えて出てくる。本当にプリンストンで学位を取得していたり、マッキントッシュで重役の仕事をしていたり、『Ms』の編集委員をしていたり、チッペンデール〔男性ストリップクラブ〕のダンサーであったりすると、役に立つ。フランス人のヨット乗りとデートする、ヴァッサー大学の卒業生。イギリス人作家とデートする、ハリウッドの外科医。引き締まっていて、日焼けしていて、デザイナー・ブランドに包まれた私たちの身体は、トレンドと、筋書きと、配役と、帝国を具現化している。仕事で独立し、ビジネスを築き上げ、成功の象徴となる家を建てる。それらすべてによって信用され、ローンを組むことができる。そして、より生産的な財産のために遣り取りすることができる。アリストテレス・オナシス〔一九〇六―七五。ギリシアの大富豪〕が、自己増殖する財産を余す所なく使って生み出したものは、「アリストテレス・オナシス」である。

この名前によって、彼はケネディ家の一員〔ジャックリーン・ケネディ・オナシス。アメリカ合衆国大統領ジョン・F・ケネディと結婚。ケネディ暗殺後、オナシスと再婚〕を手に入れた。それは最もホットな女性などというものではなく、キャメロット・アメリカ〔キャメロットはアーサー王の宮廷があったとされる伝説上の都市〕のすべてを体現する女性に他ならなかった。

ポトラッチ

あなたは狩猟採集する者である。かつては、何かを生産することもあった。アザラシの毛皮でカヌーを作り、キツネの毛皮で毛布を作ったものだ。肥沃なこの地域に生まれ、このコミュニティで育ったのは幸運だった。幸運にも壮健に生まれつき、生来的な障害もなく、幸運にも重大な病気を回避し、幸運にも距離を越えて引き付けられるような震えるほどのエネルギーを感じていた。幸運にも、鋭い眼と、素早い反応を授けられていた。つまり採集するにせよ、狩りするにせよ、幸運だったのだ。そのことが、自分の生まれや、壮健さや、鋭敏な眼と勘などを僥倖だと感じる感性を裏付けている。幸運は、幸運な者のもとに来るのだ。

狩猟の興奮は、自分の成功を知識として確信することから生まれるのではない。それは賭け事の興奮であって、何も獲れずに戻ってくる危険もあれば、殺される危険さえある。菜園造りは退屈で骨の折れる仕事だが、採集は興奮を誘う作業である。なぜならベリーが生えている茂みには、毒をもったマムシが潜んでいるからだ。女たちが夜に笑っていると、そのすぐ下にヒョウが近づいてくる。あるいは好色な男が、激しい川の流れを越えて彼女たちの後を追ってくる。

幸運の感覚は、喜びに満ちている。幸運であるという証拠は、幸運にも探し物が見つかったり、幸運にも狩りが成功したりすることのうちに手にするものだ。それは、幸福を、生きていくことの喜びに変えるものだ。喜びとは、震えるほどのエネルギーが押し寄せてくることだ。このエネルギーは、自分に没入した状態から突発し、距離を越えてどんどん弾んでいく。幸運に満ちた幸福は、笑いの中で実現され、現実的になり、解放される。笑いは外部に存在し、外部に向かって広がっていくのだ。

あなたは、狩りに際して幸運だった。オリックスを一頭仕留めたのだ。採集に際して幸運だった。マンゴーがたっぷり採れたのだ。あなたは、それを携えて出発するつもりだ。それを必要としている人たちに、贈与するのだ——子供たちや、年老いた両親に食べ物を。それを必要としていない人たちにも、贈与するのだ。最上級の毛布を広げ、その上に炙った肉やマンゴーを敷き詰め、笑い合い、みんなを幾日も幾晩も続く祝宴に呼び出すのである。あなたは、殺したイノシシを携えて出発することの大胆さと自由に、酔っ払ってしまうだろう。たとえ数ヵ月食べていくのに十分なほどの穀物が、それとの交換で手に入るはずだったとしても。交換するということは、今日はたまたま幸運であったが、自分は幸運なる男ではないと認めることだ。幸運によって取得したものを携えて出発するということは、自分が打ち続く幸運の中にいること、幸運の恵みを受けていることを請け負うことだ。損得を無視したこの派手な出発こそが、栄光なのである。

何かを買う者は、いつも卑しい。屈辱的にも、狩りで幸運に恵まれず、屈辱的にも、キツネの皮をかぶった幸運なる者から毛皮を買っている。あるいは、屈辱的にも、ただ食材を運ぶための籠を買っているのだ。

誰もが互いの知り合いであるコミュニティの中では、オリックスと上質の毛布を携えて出発する者は、他の者たちには目もくれない。彼／彼女が自分と対等だと感じるのは、野生のイノシシを運んでくる者であり、明るい色に染めた木の繊維で編んだもっと上質な毛布を祝宴に投げ込む者である。大胆なる喜びは、笑いのように伝染して広がっていく。

経済学者たちは、交換モデルを維持するという試みを強制されており、そのため、袋いっぱいの果物やオリックスを携えて採集や狩猟から戻り、周りにいる人たちを呼んで祝宴に誘うような者は、〔その対価として〕威信を得ているのだと考えている。しかしながら威信というものは、食べ物や、着る物や、道具のような商品というわけではない。それは、幸運や幸福が他人によって承認されることである。幸運なる者が自分自身や自分の僥倖を承認するのは、他人によって承認されることによるという、ヘーゲル的過程の一種がここで作動しているのだろうか？　逆である。幸運であり幸福であるという感覚は、直接的なものだ。幸福は笑いの中で突発し、笑いは伝染のうちにある。狩猟採集や、戦闘や、賭け事においては、誰もが幸運なる者の側へと突き進む。なぜなら幸運は伝染するからだ。笑うのは、〔幸運なる者だけでなく、〕「私たち」なのである。幸運なる者の笑いは、彼が自他を区別しながら始めた発意や態度ではない。彼の分離的なアイデンティティや他人の分離的なアイデンティティは、付帯的な現象として現れてくるものであり、揺らめく海の中に浮かび上がる波のように一時的なものなのだ。

幸福とは陽気な気分である――つまり、大胆さと自由である。ある冬の獲得物であるビーバーの皮を誰かが手に入れると、彼はそれを卑屈な買い手に売ったり、誰もが軽蔑する商人に売ったりするのだが、その後、［そうやって得たお金の］すべてをつぎ込んで、友人のために、そして官能的な夜のために、食べ物や飲み物を買う。そして陽気に、再び森へと旅立つのである。

商人たちは、等価物を交換することによって、裕福になることはない。彼らが裕福になるのは、肥えた目と勘を働かせているからであるが、それと同時に、浪費家が来たときにその場に居るという幸運によってである。彼らはまた、幸運なことに、ミャンマーに生まれ、ルビーが採れる場所を父親に教わった。幸運なことに、中国シルクを手に入れるための付き合いを持っており、幸運なことに、山道でシャン族の追いはぎに会わないですむのである。商人は、誰よりも迷信深いものだ。

アフリカや、中東や、シベリアや、ヨーロッパの考古学者たちは、一四〇万年前の時代から、「両面加工石器」と呼ばれる石器を見つけ出した。その両側面は凸状の面に削り取られ、縁が巧みに弓状に削り取られており、有用性を越えて美的な完成度を求める衝動を示している。最も生存に適さない地域に居住していた古代社会においてさえ、工芸は、基礎的な有用性を満たす物品を作ることに制限されてはいなかったのである。飢饉や敵の攻囲に差し迫った驚異を感じていなければ、すべての社会は宝石や、身体への装飾行為や、儀式的物品を生み出すものである――そして贅沢品は物々交換したり売ったりされるものではなく、祝宴において贈与されるものである。

社会の基礎にある基本的市場は商品交換ではなく、人間と、経済的資産と、快楽的物品の交換である、とレヴィ＝ストロースやニーチェは論じていた。ジョルジュ・バタイユはそれよりむしろ、婚姻の祝祭的な本性を強調した。父親にとって娘とは、たんに自分が生み出した経済的資産ではない。それは贅沢品なのである。父親は祝宴のために大量の財産を無駄にして、珍しい食べ物を食べたり、飲み物に酔っ払ったりするし、祝宴のうちに娘を贈与したりもするのである。

幸運と気前のよさは伝染的に広がる。婚礼に呼ばれた客たちは祝宴の中で我を忘れ、同じようなことを行う霊感を得るだろう。大婚礼があると、共同体は大婚礼合戦に乗り出すことになる。母親は言う。「私は娘を失ったのではない。息子を手に入れたのだ」。彼女は息子を持つことになり、息子の新しい家に出資できることに笑みを漏らしているのだ。息子が氏族のダンスや、コンサートや、休暇に出かけるときには、彼女は〔息子の赤ん坊の〕子守をすることで、自分の時間を惜しげもなく息子のために使うことができる。そして自分が死ぬときには、息子のために貯金を残すのである。新郎は花嫁を差し出し、すべての男たちにキスさせる。彼は数週間か数ヵ月分の労働を費やして、花嫁の誕生日や結婚記念日に色気に満ちた贈り物をする。花嫁に宝石をまとわせて氏族の祝宴に連れて行き、胸元の大きく開いたガウンを着せて舞踏会に連れて行く。そしてすべての人に彼女を差し出し、彼女を見つめる者たちを大いに楽しませるのだ。

ブラジル人の日雇い労働者。彼には、キスや愛撫を気前よく無尽蔵に与えてくれる愛すべき妻の他には何もないが、自分を世界一幸運な男だと思っている。婚約記念日だからといって、メキシコ・シティのスラム街にいる妻は、夫に質素な食事を出すことをやめはしない。彼が工場での辛い仕事の中で強さを保つためには、それが必要だからだ。その代わりに、彼女は自分たちの小屋を、野生の花々でいっぱいにする。それは大地が無償で与えてくれたものだ。線路の盛り土に生えていたのを、彼女が見つけてきたのだ。愛。そして、快楽が生まれるように身体を引き寄せること。根深く信じられているように、それらは稼ぎ出すものでもなければ、支払うものでもなく、幸運なる贈り物である。こうした考えは、たくさんのゲイやレズビアンたちを導くものだが、それだけでなく、ますます多くのストレート・カップルたちを導いて、結婚とは政治的・経済的契約であるといった考えや、性別には契約が含まれているといった考えを、全面的に拒否する方向に向かわせている。

リンデンバウムが区別したような三種類の社会を特徴づけているそれぞれの遣り取りは、祝祭的で祝賀的な手続き［ポトラッチ］によって倍化され、土台を掘り崩されている。それはちょうど、資本主義が伸展する中核都市において、株式市場にカジノが隣り合っているようなものである。実のところ、カジノは株式市場の内側に存在しているのだ。私たちが生きる現代社会の内側にも、こうした祝祭的で祝賀的な過剰性を見ることができるし、それらがあらゆる種類の社会の市場の内部に必ず存在しているという可能性は、極めて高い。

身体的液体のポトラッチ

「献血」。マーケティングの専門家たちが、からかったり、だましたり、困らせたり、ばかにしたりするために言葉を用いているメディアや広告看板の世界において、この言葉は最も誠実で、最も冷笑的でない叫びとして際立っている。最も貴重な液体は、あらゆる価格を越えている。血液とは生命である。血液の循環を感じることは、液体的身体を感じることであり、液体的アイデンティティを感じることである。血液は献じられねばならない。不幸な者や、自動車事故の犠牲者や、白血病の患者や、病院での手術ミスの被害者には、惜しみなく献じられねばならない。血液――生命――は、幸運によって、惜しみなく私たちに与えられたものなのだから。恋人や、子供や、親や、あるいは戦線で傷ついた相棒に献血するということは、そうした恋人や、子供や、親や、相棒がいるという純粋な幸運に対する、最も力強い肯定である。

男性は、幸運と性的能力とを同一視するものだ。本当に最悪の家庭――自分に属するものが欲しいという理由で子供を求める貴族の配偶者たち、夫との官能的な夜を拒絶された配偶者たち――だけが、結婚権について語る。つまり夫の精液に対する女性の権利や、あるいは自分の血統を繁殖させるために妻を使用する夫の権利といった、教会法の中に組み込まれた権利について語るのである。

近頃では、貧しさが極まった人が、自分の精液を精液バンクに売ることがある。男娼たちが、快楽のために自分の身体を貸し、自分の魅力を売り買いするのを目にすることはあるが、精液を売りに出しているのは見たことがない。幸運にも定年に達した人や、幸運にも定年を超えた人にとっては、精液は彼らの身体が生み出す贅沢品であって、いかなる価格にもつながっていない。それはシャンパンが気前よく溢れ出すようなものであり、牧草地が放った種子が風に運ばれていくようなものである。

母乳が出ない女性の子供に、別の女性が母乳を与える。世界中で、この女性以上に普遍的な理解を得ている者など存在するだろうか？　難民を暴徒だと言って追い立てる人たちがいる中で、実際に難民キャンプを訪れ、そこにいる人々が暴徒などではないことを示そうと決めたすべての写真家の作品に、この〔無償の贈与の〕イメージが現れている。

身体的部位のポトラッチ

義理の父親が自分の所有するすべてのブタを炙り、自分の娘の贈与を祝賀するとき、若い男は野生のイノシシの牙や、ヒクイドリのくちばしや、ワシの爪と羽などを祝宴の中に投げ込む。身体に移植されていた密林の王の武器は補綴であり、補足的な身体的部位であるが、護符のように、彼が幸運であることを表明する働きを持っているのだ。そしてそのようなものであるからこそ、それらはまた贈与される運命にあるのだ。

王が債務者に王冠を売ることなどないように、イリアンジャヤの戦士は、フウチョウの羽根ででききたきらめく頭飾りを、鉄斧とか蚊帳を売り買いするジャワ人の商人や、観光客に売ったりしない。

どんなに成功したビジネスウーマンも、自分で模造宝石を買いはしても、本物の宝石や、ルビーのイヤリングや、ダイヤモンドの指輪は贈り物であるに違いない。ビバリーヒルズの診療所に美顔整形のために滞在するときでさえ、それは彼女の恋人の贈り物であるに違いない。男たちがスウォッチを購入することがある。しかし金のロレックスは、贈り物であるに違いない。若い男が、クラッチロケットのバイクのために金を工面することはあっても、彼の宇宙飛行士のようなヘルメットは、恋人からの贈り物でなければならない。ボディビルダーが持っている最高に男らしい色気は、贅沢品である。この最上級の筋肉組織は、臨時の仕事をして臨時の支払いを要求するために使われてはならない。彼は名誉にかけて、女性や、外国人や、軟弱な者がいじめられているときには、いつでもそこにいてくれるのだ。

生産する身体的部位のポトラッチ

カール・マルクスは、産業資本主義社会が人間的身体のうちに見出すさまざまな資源について、雄弁に分析した。産業にとって、人間は髪の毛である。ゴムで留められ、つやとはりは失われ、白いものが混じり、抜け毛が増えている。人間は歯である。煙草を吸ったり、噛み煙草を嗜《たしな》んだりするせいで黄色くなり、茶色くなっている。歯垢や、酸や、不快な臭いが蓄積している。人間は脚である。土踏まずが衰え、匂い出している。つま先には菌類が発生している。人間は、胃である。酸が強くなり、痙攣し、感謝祭やクリスマスの食事の後で膨らみ、夜中に体ごと目が覚めるようなガスを発生させる。シャンプーとジーンズを買い、脚用パウダーと作業靴を買い、歯磨き粉とビールを買い、ハンバーガーと胃酸中和剤を買うために、働き手は人的資源を売り、職能を売り、腕や背中の筋力を売り、標準的視力を売り、知能を売り、想像力を売る。代理母は、子宮の耐久性を売る。失業中の人や、雇用に適さない人は、精液や血液を売る。

こういった生産する身体的部位は、贈与されるものでもある。「手を貸そうか」と、ある働き手が言う。相手は、人的資源としては自分と同じくらいの支払いを受けている、新参者や力の弱い働き手である。「手を貸してください！」と叫ぶのは、鉄骨を動かそうとしたり、トラックからこぼれ落ちた木箱を処理しようとしている一団であるが、彼らは、作業場で他の作業に従事している働き手たちに、助けを求めているのだ。よく目にするように、雇い主は手を使ってサインし、男たちと契約関係を結ぶことによって、彼らの手の強さや技能を手に入れる。手を差し出すというこれらの行為は、工場の中や、船渠《せんきょ》や、車庫の中や、ハイウェイ上や、裏庭などで数え切れないほど目にするものである。

国境なき医師団。グリーンピース。休暇を費やして、グアテマラやタイにいる農民の子供たちが成長して笑えるように、口蓋裂の外科手術を施す医者たち。五つの大陸に広がる難民キャンプで働く看護師たち。休暇を費やして、カリブ海の島々で鳥の生態調査を行うアマチュアの動物学者たち。クジラが浜に打ち上げられれば助けに駆けつける人たち。——人々が手を差し出し合っているのを見よ。

熱帯雨林地方の医学研究室の中で、南極大陸にある孤絶した基地の中で、いろいろな知性が、疫病を運ぶウイルスや、入り組んだ生態系内部の生態系や、オゾン層や、五〇億年前の太陽系の形成や、今から気が遠くなるほど先の宇宙の終焉など、さまざまな謎に取り組んでいる。市場の騒音や激情から断ち切られたいろいろな知性が、細長いアリの列や、コウモリの体内にあるシナプスの細い糸や、電子顕微鏡や、炭素年代測定装置や、遺伝子分析装置や、外部宇宙に向けられた望遠鏡などに接続されている。産業の中で正しい位置に置かれた知能は確かに高給を稼ぐが、こうした研究者たちのほとんどは、けっして市場価値を持つことのない事物について研究している。就業時間後や週末に、彼らは何をしているだろうか？　彼らの頭脳は、研究し続けている。引退した後に、彼らは何をしているだろうか？　研究している。知能のポトラッチだ！

すべてを手放し、すべてを贈与する。何のためでもない。私たちは死ぬのだ。歴史を通じて、死と生は重なり合ってきた。生きることとは、死ぬことだ。母親たちはしばしば、子供を産むと死んでしまう。子供を産むということは、自分のものではない生命を生み出すことであり、死ぬことである。かつて母親たちは、自分の子供に子供が生まれるころには、自分は死んでいるだろうと予期していた。バリでは、自分の子供に子供ができた後も生き続けている両親は、歩く屍として扱われる——もう居場所がない所に居残っている幽霊として扱われるのだ。人々が労働を経験するのは、彼らの内なる生命が最も力に満ち、最も強度が高まっているときである。死にかけるほどに。労働するということは、力を使い果たすということなのである。自分の力を温存すべきではない。なぜなら、そんなことはできないからだ。あなたは丸まる一生働いた。そして最後に、丸まる一生贈与した。何も手元に残さずに。死骸さえも残さずに。なぜなら、あなたはどこにも行かなかったから。不幸な一撃で死ぬということが示しているのは、幸運にも生き延びてきたということである。

幸福は、自分が幸運によって生きているのだと知ることに基づいている。自分の生命を、大胆に自由に賭けに投じながら生きているのだと知ることに基づいている。婚礼の祝宴。濫費的な贈り物。海で溺れたり雪崩で遭難したりしている人を救助するために、力を尽くして努力すること。何の利益ももたらさず、おそらく袋小路に陥るような研究に一生を費やすこと。——これらすべてのポトラッチ形式がその意義を汲み取るのは、死からである。それらは、祝祭的で祝賀的な死に方なのである。

善い行い

正義とは、それについて何らかの具体的な観念を得るには、あまりに捉えがたい事象である。それは、普段は地平線上に漂っているだけの想念である。何らかの議論の中心にそれを据えると、議論は結論が出ないままになってしまう。私たちはまず、一つのシステムがどのように作動するか、つまり特定の種類の市場経済がどのように作動するかについて語らなければならない。知的財産のような抽象物に、どのように価値が割り当てられるのかについて語らなければならない。つまり、教育や医療の種類と利用可能性、情報機関や意見表明への接近やその操作、ある地域への多様な民族移動や、いろいろな民族集団が占めることになった多様な経済的ニッチなどに、どのように価値が割り当てられるのかといったことについて、まずは語らなければならないのだ。正義の話は周縁的に見えるし、将来に回すべき話題に思える――つまり、現在の経済的・技術的状況が上手く進行し、進化していく中で、何となく心に留めておくような話題に思える。

　そしてある日、あなたは正義を目にすることになる。それは目の前に、物質となって現れる。リオデジャネイロにある病院から退院する前日、眼が覚めると日はまだ昇っておらず、あなたは外に出て、アトランティカ通りを少し歩いてみることに決めた。三ブロック上った所にあるメリディアン・ホテルで、美味しい朝食でも奮発しようと思い立ち、財布を手に取った。術後の縫合のせいで身をかがめて、足を引きずって歩いていた。〔ポルトガル語で〕「すみません、今何時ですか?」顔を上げると、年若い少年が手首を指差しながら時間を尋ねていた。腕時計を見ると、六時一〇分だった。その刹那、何が起きようとしているのか理解した。五、六人の少年たちが迫ってきた。縫合した腹部を守らねばと思い、歩道に身を沈めて、身体を内側に丸めようとした。少年の一人が、ナイフを喉元に突きつけてきた。腕時計が外され、ポケットは空っぽにされてしまったが、その感覚はほとんどなかった。そうこうするうちに、少年たちは引き返していった。立ち上がろうとしていると、彼らのうちの一人が——ノブレス・オブリージュ〔誇り高く寛大に振舞う義務〕だろうか——、あなたにホテルのルーム・キーを投げ返し、意気揚々と歩き去った。少年たちは、並木道を横切り、街の中へと消えていった。

　彼らの行動の申し分ないタイミングとリズムが、まだ心の中でかすかに光っていた。それはまるでキャバレー・ショーの中の、上手く振付けられた一シーンのようだった——舞台裏から役者たちが現れ、(小道具であり、フェティッシュである)かすかに光るナイフの周囲に迫る。集団が展開し、リズムを失うことなく消えていく――フットボール場で行われている試合を外野席から観るよりも心奪われるシーンだ。合言葉のようにありふれた質問（「今何時ですか？」）が、シナリオを起動させたのだった。質問に答えるために腕時計を見たときに、あなたがすでに感じていたように。結局のところ、いったい誰が夜明けに海沿いをぶらついて、正確な時刻を知ろうなどとするだろうか？「すみません、今何時ですか？」（というポルトガル語）が意味していたのは、「おい、おっさん、いい腕時計持っているじゃねえか！」だったのだ。

この演劇には、エロティックな興奮もあった。日中にせよ、夜中にせよ、コパカバーナ・ビーチを歩くのに、情欲以外の何かを気持ちに込めている者など一人もいない。そんなことは、端的に不可能なのだ。どんなに真面目にジョギングしている人たちでも、互いにすれ違うときには、汗でぴったり貼りついたショーツを好色な眼差しで見つめ合っている。あなたがちらりと見たのは、ただ、時間を尋ねてきた少年や、ナイフを喉元に突きつけてきた別の少年の燃え立つような眼だったのだ。他の少年たちは毛布を肩マントのように身にまとっていた。おそらく、夜はビーチで寝て過ごしていたのだろう。喉元に突きつけられたファルスのようなナイフから、あなたが目を離せないでいたとき、少年たちは、かすかに光る眼と数枚の毛布だけになって、愛撫するような軽やかな手つきで腕時計と財布を奪ったのだ。

それが起こっているときに、あなたの意識を満たしていたのは、行動の様式化された完璧さとエロティックな衝動だった。そのとき、正義という一つの観念が頭に浮かんだ。八〇ドルの腕時計。

おしゃれなズボンとTシャツを着て、メリディアンに向かう途中の、身なりのいい白人の観光客。たぶん七五クルゼイロほど入っていた、コブラの皮の財布。今まさに大通りを走って渡り、自分たちが住んでいる貧民街《ファヴェーラ》へと戻っていく六人の若者たち。正義という想念は、一片の推論から導き出されたのではない。ある朝のアトランティカ通りを構成したさまざまな要素を、知的に寄せ集めることによって導き出されたのではない。この想念はまさに、喉元に突きつけられたナイフから、続発するように生まれたのである。誰の喉元でも構わない。それが、数千マイル彼方からコパカバーナのビーチで日光浴するためにやって来て、ロブスターを食べ、新聞を読み、また帰っていくような、怠惰で裕福なおいぼれの喉もとであれば。そして君たち——君たちはそこに存在し、生を受け、若く、腹をすかせた身体を携えているのに、ライスや黒豆を買うためのコインも持っていない。観光客のホテルのルーム・キーは、愛想よく観光客に投げ返された。後で分かったのだが、ナイフは、物売りたちがいつも建てている売店の一つから盗まれた、観光記念品のナイフだった。それはひったくりたちが立ち去るときに、物売りに投げ返された。記念品のナイフと喉元と。突然そこで、ばら色に色づいたコパカバーナの雲の下で、正義が物質となって現れたのである（それがたまたまあなたの喉元に突きつけられたナイフだったという事実は、瑣末なことであって、当然ながら、そのせいで少年たちの行動が、何らかの点で議論の余地のあるものだという考え〔正義という想念〕が、あなたの脳裏に浮かんだわけではない。イマヌエル・カントの説明によると、道徳観というものは、何人《なんぴと》も自分を除外することができないような〔普遍的〕思考の一種として同定されうるものなのである）。

　ホテルに戻ると、あなたは、クレジット・カードが財布に入っていたことを思い出した。そして目の前に交番があることに気づき、警察に報告書を書いてもらおうと立ち寄った。カードの再発行のためにアメリカン・エクスプレスに行くときに、必要になるだろう。警官が胸を張って帽子を掴み、あなたが少年たちに襲われた場所へと向かった。そして銃を引き抜き、小走りで砂浜を横切っていった。足を引きずってついていくと、彼はベンチや砂浜に寝ている人々の顔からシャツを引き剥がしたり、彼らの向きを変えたりして、あなたに、彼らが少年たちの一人かどうか訪ねた。大雑把なポルトガル語と身振りではあったが、ひったくりたちは街の方へ逃げてしまったと伝えてあったのに。「やつらは戻ってくる」と警官はつぶやいた。あなたは、報告書を提出せねばならないので警察署に行こうと思うと告げた。「だめだ」。彼は言った。「待っていろ」。あなたは、ホテルでコーヒーを飲むことにした。

　一五分後、ホテルのフロント係が来て、警察がひったくりたちを捕まえたと言った。三人の痩せこけた少年が連れて来られた。説明によると、少年たちはその間にすでに着替えてしまっていたが、彼らで間違いない――目撃者がいて、同じ人物だと証言している、とのことだ。あなたは少年たちの顔を見てみたが、はっきりと識別することはできなかった。襲われたとき顔は見ておらず、眼や、手や、ナイフしか見ていなかったし、それらはテンポの速いメロディー・ラインの中の音符のように、ぴったりとかみ合っていたのだ。警官たちは、捕まえた三人が犯人だと主張するに当たって、自分たちが手にしている証拠をすべて見せるため、三人を立ち上がらせ、向きを変え、服を脱がせた。そのとき、衝動的に声が出た。「違う」。あなたは、この三人が犯人ではないと主張した。最終的に警察が彼らを釈放するまで、あなたはそこに立っていた。リオデジャネイロでは、銃を携行している警察はショッピング・センターの夜警に雇われている。彼らは路地裏の少年たちを撃ち殺し、死体をゴミ捨て場に放り、それをギャング同士の殺し合いのせいにする。ある新聞記事によれば、去年一年で、そんな風に街で殺された子供たちの数は、五〇〇〇人にも上るという。

喉元に突きつけられたナイフや、盗まれた腕時計と財布は、正義という大いなる普遍的事象の一事例などではない――正義という普遍的で分配的な法があって、それがどこかの場所で現実的なものとなるために、社会全体に行き渡っていなければならないというわけではないのだ。喉元に突きつけられたナイフや、盗まれた腕時計と財布は、振り付けされた小演目であった。それ自体で完結し、完璧なものであった。それ以上の何を表現するものでもなく、あなたと少年たちとの間に存在する関係や、あるいは存在したかもしれない関係を締めくくるものであった。彼らはナイフを持っている。だから、大声で警官を呼びながら追いかけることはできない。そして、彼らは消え去ってしまう。

ルイス・ブニュエル〔一九〇〇―八三。スペイン出身の映画監督。『黄金時代』『ビリディアナ』といった作品が反キリスト教的であると批判された〕は、キリスト教的慈愛という観念を嘲弄することを好んだ。この観念においては、個人は個々別々に身動きしており、一瞬だけ他の個人の悲惨さを和らげることもあるが、システム全体は揺らぐことなく、自らを永続的なものにし続けている。ここでとり上げた演目も、同じ類のものである。白人はそれまでと変わらず不正な利得に満ちているだろうし、リオの路地に生きる少年たちも、それまでと変わらず自暴自棄なままだろう。カントならば、その朝のそれぞれの発意が普遍的なものであったかどうかをテストせよと要求するかもしれない。そして実践理性批判によって、この演目が完全に自己破壊的であることを次のように証明するかもしれない。路地裏のギャングたちが裕福な観光客の喉元にナイフを突きつけるのに正比例して、裕福な観光客たちはまったく来なくなってしまうだろう〔したがってこの演目は、自らが上演される可能性そのものを破壊していることになるだろう〕。

しかしながら、結合の正しさが明らかになるのは、〔他ならぬ〕結合においてである。正義の感覚とは、身体的部位のいくつかの組み合わせが正しいという感覚だ。たとえば、観光客の年老いた白い喉元と、若々しい拳に握られたナイフ。そこには意味がある。そして社会的領域について理解させてくれる。それによって警察や、ショッピング・センターや、そこに店を持つことができたりできなかったりする人々に関する何事かが見えるようになってくる。申し分のないタイミングとリズムでなされた行動、そしてそのエロティックな衝動は、結合の正しさを目に見えるものにしたのだ。マルティン・ハイデッガーは書いている。美しさとは、〔存在の明るみとしての〕真理の輝きである、と。

よく言われるように、助けるためでないなら、友人は何のために存在しているのだろうか？　とはいえ本当に誰かを助けることは、本当に難しいものだ。私たちの多くにとって、友人を助けることができたのは、たぶん人生で一度くらいのものだ。私たちはそれを、生きてきた中でも最良の時間の一つとして胸にしまっておく。時どき、人生の早い時期に方程式を見つけ出してしまい、それを死ぬまで落ち着いて採用し続けるような人々がいる。彼らは温和で、親しみやすく、助けになる人々だ。その方程式とは良識である、と考える人々もいる。あらゆる問題を目の前にして、彼らは論点を判定し、他の論点を概観し、最良の論点を選択し、よくあることだが、手元にある中で最良の決定が上手くいかなくても、気に病むことがない。大半の人々は、これら二つのカテゴリー——親切な人々と分別のある人々——のどちらかに分類されるように思える。〔だから〕大半の人々は、ぼんやりとした嫌悪感を催させるのだ——親切さは物事を矮小化し、平均化するし、分別は底が浅く、自分を正当化してばかりいる。

私たちが日常的に行っていること、周囲の人々が賞賛に値するとみなしていること、それを行うと善い男／善い女だと思われるようなこと、そうしたことのほとんどは、その時代に知られている行動のパターンであり、それは状況が要求してくるものでもあれば、私たちが多かれ少なかれ自動的に行うものでもあり、実はそれをやらないでいる方が難しいようなものである。言うまでもなく、私たちが超過勤務すれば、同僚は空港に誰かを迎えに行くためにさっさと出発できる。病院に、友人を訪ねに行くことができる。自動車事故に遭った隣人に、献血することができる。芝刈りの少年に、麻薬で捕まっている仲間の保釈金となる五〇〇ドルを貸すことができる。勇敢な行いとは少し違う。やってみれば、それが分かる。たぶん、スペクタクル的な要素は何もない。しかしそれは、真に私たちのものであるような思考の欠片《かけら》である。それは私たちの力を巻き込む何かであり、私たちが本当に身を捧げるような何かである。私たちは、それが正しく、首尾一貫して、矛盾せずに、それ自身のうちに完結するように、どうにか構成してみるのだ。

自分がそうした善い行いの受取人である場合、私たちにはそのことが分かるし、その行いをいつでも思い出す。——私は一八歳で大学を落第し、ある女性と滅茶苦茶な関係を結んでいた。私の両親はこう宣言した。「もう限界だ。今学期が終わったら、仕事を探し、借金を返済しなさい」。その後で父がやって来て、少しだけ話をした。あるいは、何も話さなかったかもしれない。しかし、父が私を信じていることは伝わった。おかげで私は、自分自身を信じられるようになった。そして父は、音楽学校に行ってダンスを学ぶための金を私に渡し、返済する必要もないし、感謝の言葉が欲しいわけでもないと言ったのだった。——私と彼女は、特に友達でも何でもなかった。私たちはただ、よく同じフィットネスクラブへ行き、時にはその後で一緒にフルーツプレートを食べるというだけの仲だった。——どうやって始めたのか知らないが、私は彼女に語り始めた。結婚生活のこと。疱疹のこと。数ヵ月も落ち込んでいる鬱病のこと。いろいろな医者に通ったこと。話はどんどん重苦しくなり、止め処《ど》なく続いた。彼女はただ私のそばから離れなかった。時にはこちらにやって来て、私と一晩過ごした。彼女は、ディナーのデートをキャンセルするだろう。誕生日だろうと、記念日だろうと……。

こういったことは、自分がそれを行う場合には空しい気分に取り残される。あなたは、たまたま正しい時にそこにいて、少年に向かって、何となく正しい言葉を発し、授業料として、彼があんな風に奪い取れるように、お金を差し出すことができたのだ。正しく行われるためには、たくさん機転を利かし、数多くの秘密を抱えねばならなかった。この秘密のヴェールを持ち上げてしまえば、直ちに台無しになってしまっただろう。ニーチェはそのことを理解していた[1]。彼はこう書いている。善い行いをするにしても、棍棒を掴み、その行いをたまたま目撃した者を、完璧に打ちのめし、彼の記憶を朦朧《もうろう》とさせてしまったほうがよい。親切な気持ちをきつい言葉や冷笑的な言葉で包むとき、売春婦はこのことを理解しているのだ。ニーチェは、続けてこう書いている。棍棒を掴み、自分の記憶を朦朧とさせる方法を知っている人々がいる。つまり、その棍棒を使って自分の記憶を拷問にかけ、その断片を引きちぎり、それがのたくって暗闇の中へ逃れていくがままにする方法を知っている人々がいる、と。

棍棒に打たれて朦朧とした記憶のダイアグラムを自分の中に固定し、それを範例にして、再利用できる事例を探し求めることはできない。私の知人の一人は、学位を取得した後に少しだけ放浪していたが、その後学習障害者のための国家機構で働き始めた。同世代の誰もが市場を開拓しに出かけていき、どれだけ遠く、どれだけ高く、自分たちが山を登れるかを考える事に向かう中で、彼の仕事は立派で、積極的で、寛大なものだ。しかし数年後、彼は辞職した。誰でもそうするさ、と彼は言っていた。大勢の人々に対して甘いパパでいたり、サンタクロースでいたり、イエス・キリストでいるということは、魂にとっておかしなことなんだ、と言っていた。辞職しない人については、――あいつらは、揃いも揃って「大いなる看護師」なのさ、と言っていた。

状況が求めるままにそこにいると、第三の眼のようなものが、何となくなすべき正しいことを見つけ出してくれる。すると、考えているときにアイディアがひらめくように、その正しいことが骨格に張りついて、範例のようになる。難しいのは、次の機会に、無知でいると同時に関心を持ち、なおかつ怖れを抱くということである。その無知と、関心と、恐れからだけ、善い行いや、勇敢な行いはやって来るだろう。次の日には、空しい気分に取り残される。善い行いは栄光というよりも重荷であり、その栄光は、間違いなく重荷なのである。力が強まることもなく、ただ抑制された力だけが残されている。時が満ちて、新しい力、正しい力が現れるかどうかも分からない。再び善い行いができるようになるためには、悪意を知らねばならないのかもしれない。

人類――未熟、共生、先祖返り

（1）　ラカンの説明では、二つの本質的に異なる用語〔「寸断された身体」と「想像的統合」〕が用いられているが、それらを同定しておかねばならない。まず幼児が感じたり動いたりする場所に感じる「位置」――幼児が自分自身について感じる情動的で運動感覚的な感じ――があり、また、幼児が距離をおいてまとまりをもった統合的な視覚像を見るような「位置」がある。こうした投影的な同一視は、どのようにして可能なのだろうか。ラカンの説明によれば、幼児は、自分自身を感じたり動かしたりする場所で、自分の身体を断片的視覚として知覚してもいるため、鏡像を、喜びと共に受け取る。なぜなら、幼児にとって鏡像とは、そうした断片的な知覚物の統合や完成を与えてくれるものだからである。実際に幼児は、鏡の前でポーズをとることによって、自己同定に勤《いそ》しむ。幼児が鏡の中に認めるのは、そこにあるイメージと、自分の姿勢維持的図式が生み出す準視覚的イメージとの合致なのである。

（2）　B. Ehrenreich. 1997. *Blood Rites*. New York: Henry Holt, 23-35.

（3）　ニーチェによれば、同一律、矛盾律、排中律によって規制された思考は、植物界を反映するものである。Friedrich Nietzsche, *Human, All Too Human*, trans. R. J. Hollingdale. Cambridge University Press, 21.〔フリードリッヒ・

ニーチェ『人間的、あまりに人間的一（ニーチェ全集五）』池尾健一訳、ちくま学芸文庫、一九九四年〕

（4）　種に関する科学的研究を最初に「生物学」と名付けたのは、ラマルクである。

（5）　C. Darwin. 1998. *The Expression of the Emotions in Man and Animals*. New York: Oxford University Press, 45.〔ダーウィン『人及び動物の表情について』浜中浜太郎訳、岩波文庫、一九三一年〕

（6）　F. Nietzsche. 1974. *The Gay Science*. trans. W. Kaufmann. New York: Vintage, 117.〔フリードリヒ・ニーチェ『喜ばしき知恵』村井則夫訳、河出文庫、二〇一二年〕

カドリーユ〔馬上槍試合の騎士の一団〕

（1）　J. D. Ligon. 1999. *The Evolution of Avian Breeding Systems*. New York: Oxford University Press, 223.

（2）　A. Zahavi and A. Zahavi. 1999. *The Handicap Principle*. New York: Oxford University Press, xv.〔アモツ・ザハヴィ／アヴィシャグ・ザハヴィ『生物進化とハンディキャップ原理』大貫昌子訳、白揚社、二〇〇一年〕

（3）　北アメリカ東部に生息するアカメモズモドキは、一日に二二一九七曲も歌った。L. de Kiriline. The voluble singers of the tree-tops. *Audubon Magazine*. 56(1954):109-111.

（4）　Zahavi and Zahavi, 27.

（5）　Ibid., 16.

（6）　Ibid., 149.

（7）　「ペアが形成されるのには、ある程度のディスプレイが必要である場合と、そうでない場合があるが、ペアになった鳥たちの姿勢は、結果として、両者の間に同一位相的な相関性を打ち立てる。チャップマンは、キノドマイコドリについて、次のように述べている。『性的条件がいかなるものであろうと、どうやらメスは、オスを受け入れる前に、求愛されねばならないらしい』。同様に、ある種のクモに関する文章におけるブリストーの考えは、先立つ求愛的ディスプレイがないかぎり、メスが交尾することはありえない。セラスは、次のような結論に達した。ヤマドリのメスがレックにやって来るのは、性的興奮という明確な目的に従ってであって、刺激が十分でなければ、性交が行われることなく、彼女たちは去っていくのである。ある種のカエル、ヒキガエル、イモリ、トカゲ、魚は、繁殖サイクルに前戯を欠かすことがない」。E. A. Armstrong. 1965. *Bird Display and Behaviour*. New York: Dover, 341.

（8） A. J. Marshall. 1954. *Bower-Birds*. Oxford: Clarendon Press, 166.

（9） Ibid., 27.

（10） R. A. Fisher. 1958. *The Genetical Theory of Natural Selection*. New York: Dover.

（11） A. F. Skutch. 1992. *Origins of Nature's Beauty*. Austin: University of Texas Press, 58.

（12） E. A. Armstrong. 1965. *Bird Display and Behaviour*. New York: Dover, 14.

（13） H. Rosenberg. 1959. The American action painters. In H. Rosenberg, *Tradition of the New*. New York: Horizon Press, 25.〔ハロルド・ローゼンバーグ『新しいものの伝統（芸術論叢書）』東野芳明・中屋健一訳、紀伊國屋書店、一九六五年〕

（14） Orlan. 1996. Carnal art. In *Orlan: ceci est mon corps...ceci est mon logiciel* (*This Is my Body...This Is my Software*), trans. T. Augsburg and M. A. Moos; ed. D. McCorquodale. London: Black Dog Publishing, 88-89.

（15） T. X. Barber. 1993. *The Human Nature of Birds*. New York: St. Martin's Press, 132.〔セオドア・ゼノフォン・バーバー『もの思う鳥たち（鳥類の知られざる人間性）』笠原敏雄訳、日本教文社、二〇〇八年〕

（16） Skutch, 62-67.

（17） P. A. Johnsgard. 1973. *Grouse and Quails of North America*. Lincoln: University of Nebraska Press, 169-171.

（18） Zahavi and Zahavi, 34.

（19） 他の観察者によると、一〇種二〇四羽のハチドリのうち、一六六羽がオスで、メスは三八羽しかいなかったという。

（20） G. Bataille. 1986. *Erotism*, trans. M. Dalwood. San Francisco: City Lights, 142-146.〔ジョルジュ・バタイユ『エロティシズム』酒井健訳、ちくま学芸文庫、二〇〇四年〕

（21） Armstrong, 305.

(22)　M. Duras. 1982. *La Maladie de la Mort*. Paris: Ed. de Minuit, 21.〔マルグリット・デュラス『死の病／アガタ（ポストモダン叢書）』小林康夫・吉田加南子訳、朝日出版社、一九八四年〕

(23)　Bataille, 144-145.

(24)　Ligon, 390.

(25)　T. Iredale. 1950. *Birds of Paradise and Bower Birds*. Melbourne: Georgian House.

(26)　ジャレッド・ダイヤモンドは、ポーカーで使うチップを利用して、装飾品の色に関する彼ら〔ニワシドリたち〕の嗜好が、個体毎にどれだけ異なっているかを実験的に確証した。ある集団内の異なる個体たちに、さまざまな色のポーカー・チップを与えると、選択の基準も、選んだチップを自分の東屋に並べるやり方も、ばらばらであった。装飾を決定するまでには、試行錯誤があり、心変わりがあったという。J. Diamond. Evolution of bowerbirds' bowers: animal origins of an aesthetic sense. *Nature*, London. 297:99-102; and Animal art: variation in bower decorating style among male bowerbirds, Amblyornis inornatus. Proceedings of the National Academy of Sciences, U.S.A., 83(1986):3042-3046.

(27)　Marshall, 185-186.

社会的身体

(1)　G. Deleuze and F. Guattari. 1983. *Anti-Oedipus*, trans. R. Hurley, M. Seem, and H. R. Lane. Minneapolis: University of Minnesota Press.〔ジル・ドゥルーズ／フェリックス・ガタリ『アンチ・オイディプス――資本主義と分裂症』宇野邦一訳、河出文庫、二〇〇六年〕

(2)　G. Deleuze and F. Guattari. 1987. *A Thousand Plateaus*. Minneapolis: University of Minnesota Press, 427-437.〔ジル・ドゥルーズ／フェリックス・ガタリ『千のプラトー――資本主義と分裂症』宇野邦一ほか訳、河出文庫、二〇一〇年〕

(3)　マルクスの用語で言う「未開社会 Savage societies」。この言葉は、レヴィ＝ストロースの主著『野生の思考

The Savage Mind』でも、依然として用いられている。

（4）　「文字とは、なんと奇妙なものだろう！　文字の出現によって、過たず、人間が生きるための諸条件のうちに奥深い変化が決定されたように思われよう。そして、この変形は、本性上、格別に知的なものであったはずだと思われよう。文字の獲得は、人間が知識を蓄える能力を、並はずれて増大させる。文字とは人工的な記憶であると、私たちは思いがちである。この記憶が発達することには、過去についての意識の明瞭化が伴うし、ということは、現在と未来を組織する能力のさらなる拡大が伴うのである。野蛮と文明を区別するために提示された基準をすべて排除した後でも、少なくともこの基準〔文字〕だけは保持していたいと思うだろう。文字を持った民族は、古き獲得物を蓄積することができるため、彼らが自分に定めた目的に向かって、ますます迅速に進歩していくが、逆に文字を持たない民族は、個々の記憶が十分に定着させる範囲を越えて過去を保持することができないため、起源と、一つの計画についての持続的な意識を欠いた、揺れ動く歴史の囚人であり続けるだろう。

　しかしながら、文字や、進化におけるその役割について私たちが知っていることは、そのような考えを正当化するものではない。人類の歴史上最も創造的な段階の一つが生起したのは、新石器時代が接近してきた時期であった。この時代が、農耕や、動物の家畜化や、その他さまざまな技術を招いたのである。そこに到達するためには、数千年かけて、人間の小集団が何かを観察したり、実験したり、稔った考察の果実を他に伝えたりする必要があった。この巨大事業は、それが成功したことによって確証されるように、厳格に、一貫して続けられたが、この時、文字はまだ知られていなかったのである。紀元前四〇〇〇年から三〇〇〇年の間に文字が出現したのだとしても、私たちが文字に見出すべきなのは、新石器革命の遠い帰結（おそらく間接的な帰結）であって、その条件ではない。文字は、どのような大革新に結びついているのだろうか。技術論的な面においては、私たちは、この時期に関して、かろうじて建築を引用することができるのみである。しかしながら、エジプト人やシュメール人の建築は、コルテス〔スペインの征服者で、アステカ族を滅ぼした〕が到来した時代の、文字を知らないアメリカ先住民が作り上げた建築よりも優れているというわけではない。逆に、文字の革新から下って、近代科学の誕生に至るまで、西洋世界は五〇〇〇年続いたが、その間、その知識は増大したというよりは、変動しただけであった。しばしば指摘されるように、ギリシア人やローマ人の生活様式と、一八世紀ヨーロッパの有産階級の生活様式との間には、たいした違いがない。新石器時代、人類は文字を持たぬまま、巨大な一歩を踏み出したのであり、文字によって、西洋の歴史的諸文明は停滞したのだ。おそらく、一九世紀と二〇世紀における科学の発展について、文字を抜きにして考えることは、ほとんどできないだろう。しかしそれは、必要条件ではあっても、科学の発展を説明するのには、けっして十分ではないのである。

もしも文字の出現と、文明に関する何らかの特徴を結びつけて考えたいなら、別の方向を探ってみなければならない。確実に文字に伴って現れたと言える唯一の現象は、都市と帝国の形成である。つまり、相当数の個人が政治システムのうちに統合され、カーストや階級のうちにヒエラルキー化されたのである。少なくともこうした動きこそが、文字が誕生した時期に、エジプトから中国の間で見ることのできる典型的な進化である。文字の出現は、人間の啓蒙に利用される以前に、人間を搾取するために有利に働いたように見える。数千人の労働者をひとまとめにして、骨身を削るような労働に縛りつけることを可能にした、搾取というものは、上述した文字と建築との直接的関係という考えよりも、建築の誕生を上手く説明するものである。私の仮説が正しいなら、文字によるコミュニケーションの第一の機能は、奴隷制度を促進することだったという点を、私たちは認めるべきである」。C. Lévi-Strauss. 1992. *Tristes Tropiques*. New York: Penguin, 265-266.〔レヴィ＝ストロース『悲しき熱帯II（中公クラシックス）』川田順造訳、中央公論新社、二〇〇一年〕

芸術の生理学

（1）*Bangkok Post*, Sept. 30, 1999, 3.

（2）D. P. Mannix. 1976. *Freaks: We Who Are Not as Others*. San Francisco: Re/Search Publications, 112.

（3）R. L. Bruno. 1997. Devotees, pretenders and wannabes, *Journal of Sexuality and Disability* 15:243-260.

（4）G. C. Riddle. 1988. *Amputees and devotees: made for each other?* New York: Irvington Publishers.

（5）P. L. Wakefield, A. Frank, and R. W. Meyers. 1977. The hobbyist: a euphemism for self-mutilation and fetishism, *Bulletin of the Menninger Clinic* 41:539-552.

（6） R. L. Bruno, Devotees, pretenders, and wannabes, op. cit., 254.
（7） R. Benedict. 1934. Anthropology and the abnormal. *The Journal of General Psychology* 10(2):59-82.
（8） F. Nietzsche. 1974. *The Gay Science*, trans. W. Kaufmann. New York: Vintage, 122.〔フリードリヒ・ニーチェ『喜ばしき知恵』村井則夫訳、河出文庫、二〇一二年〕
（9） Nietzsche, 239-240.

透明性

（1） G. Bataille. 1985. *Visions of Excess: Selected Writings 1927-1939*, trans. A. Stoekl. Minneapolis: University of Minnesota Press, 89.〔ジョルジュ・バタイユ『松果状眼球（G・バタイユ遺稿）』生田耕作訳、奢灞都館、一九八六年〕

食欲

（1） A. Dillard. 1982. *Pilgrim at Tinker Creek*. New York: Bantam, 172-173.〔アニー・ディラード『ティンカー・クリークのほとりで（シリーズ「精神とランドスケープ」）』金坂留美子・くぼたのぞみ訳、めるくまーる、一九九一年〕

フェティシズム

（1） P. Pels. 1998. The spirit of matter: on fetish, rarity, fact, and fancy. In *Border Fetishisms: Material Objects in Unstable Spaces*, ed. Patricia Spyer. New York: Routledge, 91.
（2） Pels, 105.
（3） I. Kant. 1960. *Observations on the Feeling of the Beautiful and Sublime*, trans. J. Goldthwait. Berkeley: University of California Press, 111.〔イマヌエル・カント『美と崇高との感情性に関する観察』上野直昭訳、岩波文庫、一九四八

年〕
（4） S. Freud. 1961. Fetishism. In *The Standard Edition of the Complete Psychological Works of Sigmund Freud*, vol. XXI, trans. J. Strachey. London: Hogarth Press, 154-155.〔ジークムント・フロイト「フェティシズム」『エロス論集』中山元編訳、ちくま学芸文庫、一九九七年〕
（5） J. Chapman. 2003. *Insult to Injury*. Göttingen: steidlMACK.

肉体の取引

（1） F. Nietzsche. 1989. *On the Genealogy of Morals*, trans. W. Kaufmann. New York: Vintage Books, 7.〔ニーチェ『道徳の系譜学』中山元訳、光文社古典新訳文庫、二〇〇九年〕
（2） S. Lindenbaum. 1984. Variations on a sociosexual theme in Melanesia. In G. Herdt, *Ritualized Homosexuality in Melanesia*, Berkeley: University of California Press, 337-361.
（3） G. H. Herdt. 1981. Fetish and fantasy in Sambia initiation. In *Rituals of Manhood*. Berkeley: University of California Press, 17-27; 52-53; and 1981. *Guardians of the Flutes: Idioms of Masculinity*. Univ. of California Press, New York: Mc Graw-Hill.

善い行い

（1） Friedrich Nietzsche. 1966. *Beyond Good and Evil*, trans. Walter Kaufmann. New York: Vintage Books, 50.〔ニーチェ『善悪の彼岸』中山元訳、光文社古典新訳文庫、二〇〇九年〕

写真について

口絵　服装倒錯者、バンコク、一九九五年

不連続性　エチオピア、二〇〇〇年

人類——未熟、共生、先祖返り　ウランバートル（モンゴル）、二〇〇三年

カドリーユ　ウォダベのダンサー、ナイジェリア、二〇〇三年

どう感じるか、どう見えるか　メアリー・アン・パパジョルジュとジャニス・″Z″・チューリントン、ペンシルバニア州立大学、一九九九年

社会的身体　ラニ族の男性、イリアンジャヤ、一九八八年

芸術の生理学　ジョージ・デュロー撮影、GMP出版のご厚意によって

透明性　ラニ族の女性、イリアンジャヤ、一九八八年

食欲　セブ島（フィリピン）、一九八八年

フェティシズム　二人の子供の頭蓋骨でできたチベット族の儀式用太鼓、象の歯の化石、人間の大腿骨でできたモンゴル族の儀式用の笛、子供の大腿骨でできたチベット族の儀式用の笛

肉体の取引　サンバのダンサー、オリンダ（ブラジル）、一九九六年

善い行い　大モスク、ジェンネ（マリ）、一九九九年

ジョージ・デュローの作品である七枚目〔「芸術の生理学」〕を除いて、すべて著者が撮影したものである。

「メキシコのヴァルハラで」――訳者あとがき

『変形する身体』と題された書物を手に取るとき、私たちは、一個の確立した「身体」概念と、その多様な変奏を期待するかもしれない。しかしここには、「身体」なるものに関する明確な定義は存在しない。むしろ「身体」は、それぞれの場面の中で、ただあるがままに提示されている。まるで「身体」とは、あらゆる境界を越境する不定形の存在に、便宜的に付けられた名前であるかのようである。動物／人間、男性／女性、大人／子供、有機体／無機物、現代／古代、個体／液体、生／死……。私たちは、乱雑に散らばったスナップショットを前にして、困惑し、ときに気軽な楽しみを見つけ出しながらも、幾ばくかの不安を感じる。こうした不安、こうした揺らぎは、それ自体で、本書が醸し出す魅力の一端ではあるだろう。とはいえ、このことは、「身体」なる概念の今日的意味が問い直されるべき〈場所〉についてのイメージが、私たちの中に喚起されることを妨げるものではない。

「メキシコのヴァルハラで血まみれになると同時に抱腹絶倒する人々の姿に、何らかの知的な形で十分な自由を与えることなど、現在では明らかに不可能である」（ジョルジュ・バタイユ『ドキュマン』江澤健一郎訳、河出文庫、二〇一四年、一八四頁）。

＊　＊　＊

古代アステカの花戦争における過激な殺戮、北欧神話の武装した乙女が誘《いざな》う天上の宮殿、戦士の身体から流れ落ちる血の海、輝かしい天空の饗宴の中を伝染的に広がっていく哄笑の渦。二つの極の、眩暈《めまい》がするような出会い。それに定義を与えようとする知的努力は、炸裂し続ける不定形の物質性の前で、絶えず武装解除されるだろう――。おそらくここが、本書を構成する諸テクストが生起し、交流し合う〈場所〉である。そしてそこに、「G.B.」（ジョルジュ・バタイユ）の署名が付されているのは偶然ではない。

バタイユ自身は、自ら「不可能」と述べたこの試み――常軌を逸するほど過剰なエネルギーを知的に把握すること――を、それでもなお、たとえば『エロティシズム』などにおいて遂行しようと企てた（そして試みそのものを未完成のまま宙吊りにした）のだったが、アルフォンソ・リンギスが本書『変形する身体』において目指したのは、まさにこの企てを引き継ぎ、現象学を基盤とする独自の身体論によって、それに応答することだったのではないだろうか。

分断される身体（儀式における割礼や四肢切断）、あるいは奇形的な身体、流れ出る精液や血液、悪臭を発し腐敗しつつある肉、その中で蠢くウイルスや細菌、そして、こうした死のイメージと踵《きびす》を接するようにして炸裂する生のエネルギー、他の動物を貪り食らう動物たちが作り上げる地獄の円環、そしてその頂点に脆くも君臨する「人間」……。一見して明らかなように、こうしたモチーフ群は、あからさまにバタイユ的な響きを帯びている。また、「不連続性」に関する章から、「透明性」に関する章へと至る本書全体を貫く動向は、まさに分離的な個別的存在から〈存在〉全体の連続性へという、バタイユが追い続けたテーマと重なり合っている。とりわけ最終章では、ニーチェ的な「善悪の彼岸」が、偶然的な出来事の重なり合いから浮かび上がる「正義」として描かれているが、ここには、ニーチェ哲学の中に「好運への意志」を読み取ろうとしたバタイユの、次の言葉を聴き取ることができるのではないだろうか。

「個人と集団の対立が、あるいは善と悪の対立が表わす高次の困難〔……〕、こういった困難や矛盾を思いのまま克服しうるのは、ただ好運の一撃——賭けの大胆さの中で与えられた一撃——だけだと私には思えた。〔……〕度はずれで、後退も振り返ることもしない無鉄砲さが、論理的英知では解決できないことを打開するということもありえよう」（ジョルジュ・バタイユ『ニーチェについて——好運への意志（無神学大全第Ⅲ巻）』酒井健訳、現代思潮新社、一九九二年、二二頁）。

しかしリンギスは、こうしてバタイユに接近しながらも、つねに距離をとる。隣接性は差異の確認であるかのようだ。最も顕著な違いは、人間性と動物性の区別に関わる。エロティックな侵犯行為を、もっぱら人間的事象として記述する『エロティシズム』に対して、『変形する身体』は、装飾や色気といった「文化的」問題を、むしろ動物的なディスプレイ行動のうちに認めようとするだろう。前者にとって美しさとは、あくまで人間の人間に対する美しさであるのに対して、後者にとってそれは、人間と動物が基本的に共有しうる感覚として提示されるだろう。このことの帰結は、けっして小さなものではない。バタイユが語る禁止と侵犯のメカニズムは、人間性の内に動物的なものを呼び覚ますものだが、それはあくまで人間的生を規定するために組織化された構造である。しかしリンギスが主張する「美」は、鳥たちや微生物をも含む動物的な生という、より広い文脈——「身体の変形」の中で考えられているのである。

身体とは何か。リンギスはそれを、モーリス・メルロ゠ポンティの『知覚の現象学』に（暗黙のうちに）依拠しつつ、準視覚的な「身体イメージ」と言い換える。それは、鏡に映る客観的な像とは異なる、内的な「姿勢維持的図式」に対応する感覚である。この内的感覚に基づいて、世界内のさまざまな事物が、概念的にではなく、身体的に把握される。世界には多様な事物がひしめき、変化しているが、私たちの身体は、メロディを聴き取るように、リズムの中でそれらを展開し、それらを内側から把握する。たとえいつかは固定化した概念的把握の網に捕らえられることになるとしても、私たちは、たとえば旅をしながら、未知のものと触れ合い、聴きなれない言葉で交流し、自分の身体が本来持っている動きや、他の身体との出会いを学び直し、その中で、自らの身体の美しさを知るのである。

魅惑的な求愛ダンスを踊るキジオライチョウたちも、衣服や言葉で着飾った私たちも、自分の身体の美しさを外側から眺めるのではなく、内側から、溢れ出るリズムとして感じている。なぜ人はボディビルに勤しむのか。リンギスによれば、それは、身体の機能や有用性を高めるためではなく、身体に潜む内的なエネルギーを祝祭的に燃焼させるためであり、細菌やウイルスが通過していく巨大で危険な流れの中で、病気や死を一時的に征服する身体を謳歌し、その「美」を表現するためである。私たちは、多かれ少なかれ、事物についての客観的把握とは異なる歴史(「華やかさの進化」)を生きている。そして私たちは、現代社会の中でときに「先祖返り」しながら、古代的なフェティシズムを呼び覚まし、他の文化を訪れてはそれを貪り、四肢切断の快楽に耽っているというわけだ。このとき私たちは、身体にまとわりついた分離的なアイデンティティをかなぐり捨て、いわば「液体的なアイデンティティ」の中へと溶け出している。とりわけ男性/女性の垣根は崩れ去り、色気を発する者たちの一団(「カドリーユ」)が要請される。

今や私たちは、自らが建てた魅惑の舞台の上で歌い踊るアオアズマヤドリたちや、笑いを誘発しながら人々の間に「透明性」を打ち立てるドラァグ・クイーンたちにこそ、何が「善い行い」か、何を為すべきかという命法の意味を学ぶべきなのだ。分離的なアイデンティティが解体し、〈存在〉全体の連続性へと連れ戻される中で、私たちは自らの生を学び直し続ける――「他者」と共にある生を。本書冒頭の問いかけが甦る。「誰かが私たちの方に顔を向けるそのたびに、私たちは一個の誕生に直面しているのではないだろうか」。ここでリンギスは、エマニュエル・レヴィナスの概念である「顔」を（またも暗黙のうちに）参照しながら、「善い行い」を求める、言葉にならない声の重さ、目の前にいる存在の、本質的な傷つきやすさに触れている。私たちは、自分や他人の分離的なアイデンティティを客観的に認識する前に、いつもすでに「他者」と向き合っている。私たちは「他者」に捕らえられ、喉元にナイフを突きつけられ、好運にも「正義」を知る。忘我の極みで。おそらく笑いの中で。そしてこの〈場所〉から、再び、華やかさの冒険が始まる。

再び――再び、メキシコのヴァルハラで。留まるためではなく、すべてを忘れてまた訪れるために。過去の思考や聴きなれたエピソードたちが再配置され、まるで新しい出来事であるかのように、古代の光景が甦り、現代の光景と交叉する。本書においてリンギスは、バタイユ的な〈場所〉を積極的に引き受けつつ、これまでの著作ですでに語られてきたメルロ゠ポンティやレヴィナスに関する考察を暗黙の画布にして、さまざまな時代、さまざまな場所で生きる身体の在り方を描き直し、根底的に問い直している。「人間」概念は、なおも刷新されねばならない。この〈場所〉で、優美にパレードする騎士たちの色気は、人間的なエロティシズムの枠組みを越境し、儀礼的な戦闘と爆発的な発声が飛び交うキジオライチョウの求愛ダンスと重なり合っている。テレビ画面の向こうで、画布にペンキを撒き散らし、自らの外科手術の様子を飾り立てるアーティストたちは、アオアズマヤドリと同じように魅惑的なパフォーマンスを繰り広げている。鍛え上げられた女性の身体は、内的な力を炸裂させ、不鮮な男たちの視線を解体し、社会的なシステムに風穴を開け、はるか上空へと飛び去っていく。すべては、祝祭的な過剰性の中で燃やし尽くされる。血液のポトラッチ、身体毀損のポトラッチ、そして思考のポトラッチが語られる。そして、自らに課せられた頸木《くびき》を突き破って諸々の身体が溶け合い、液体的で、透明なものとなるとき、あらゆるヒューマニズムの彼方で、あらゆる知識や記憶の彼方で――好運の一撃の下で――、「正義」の観念が舞い降りる。

私たちは、リンギスが描き出す多様な場面に圧倒され、眩暈を覚え、笑い、そして再び思考する――概念としての「人間」を超えて、新しい「人類学」、新しい「人間学」に向かって。

＊＊＊

本書は、Alphonso Lingis, *Body Transformations. Evolutions and Atavisms in Culture*, New York and London: Routledge, 2005. の全訳である。著者のアルフォンソ・リンギスは、一九三三年生まれのアメリカ合衆国の哲学者であり、メルロ＝ポンティ、レヴィナス、ピエール・クロソウスキーの英語翻訳者でもある。フランスの現代思想を出発点としつつ、世界各地に居を移しながら練り上げられた彼の思索は、文化人類学・精神分析・現代アート等々の幅広い知見を交叉させながら、今もなお精力的に継続されている（詳しい経歴については、下記の「プラ・ダーレム、死の寺院」や『汝の敵を愛せ』に付された「解説」「訳者あとがき」などを参照してほしい）。リンギスの思考の道程は、これまで十数冊の書物となって世に問われている。主なものは以下の通りである。

Excesses. Eros and Culture, 1983.

The Comunity of Those Who Have Nothing in Common, 1994.〔『何も共有していない者たちの共同体』野谷啓二訳、洛北出版、二〇〇六年〕

Abuses, 1994.〔管啓次郎氏による部分訳（「プラ・ダーレム、死の寺院」）が、今福龍太・沼野充義・四方田犬彦編『旅のはざま（世界文学のフロンティアⅠ）』（岩波書店、一九九六年）に収められている〕

Foreign Bodies, 1994.〔『異邦の身体』松本潤一郎・笹田恭史・杉本隆久訳、河出書房新社、二〇〇五年〕

The Imperative, 1998.

Dangerous Emotions, 1999.〔『汝の敵を愛せ』中村裕子訳、洛北出版、二〇〇四年〕

Trust, 2004.〔『信頼』岩本正恵訳、青土社、二〇〇六年〕

Body Transformation. Evolutions and Atavisms in Cultures, 2005.〔本書〕

Violence and Splendor, 2011.

なお本書は、水声社の叢書「人類学の転回」の一冊として刊行された。水声社の後藤亨真氏には、この野心的で魅力的な叢書に携わる機会を与えていただいたことを感謝したい。また、訳者の質問に快く御返事してくださった著者のアルフォンソ・リンギス氏を含め、本書の出版に関係したすべての方々に、この場を借りて感謝の意を表したい。ありがとうございました。

二〇一五年　一一月

小林　徹

著者／訳者について——

アルフォンソ・リンギス（Alphonso Lingis）　一九三三年、リトアニア系移民の子としてアメリカ合衆国に生まれる。哲学者。ペンシルヴァニア州立大学名誉教授。専攻は、現象学、実存主義、現代哲学、倫理学。世界各地に長期滞在しながら、哲学的かつ文化人類学的な著作を発表し続けている。主な著書に、『汝の敵を愛せ』（中村裕子訳、洛北出版、二〇〇四年）、『異邦の身体』（松本潤一郎ほか訳、河出書房新社、二〇〇五年）、『何も共有していない者たちの共同体』（野谷啓二訳、洛北出版、二〇〇六年）、『信頼』（岩本正恵訳、青土社、二〇〇六年）などがある。

＊

小林徹（こばやしとおる）　一九七五年、東京都に生まれる。パリ第一大学パンテオン・ソルボンヌ校大学院哲学研究科博士課程修了。現在、慶應義塾大学文学部非常勤講師など。専攻は、フランス現代哲学。著書に、『経験と出来事——メルロ゠ポンティとドゥルーズにおける身体の哲学』（水声社、二〇一四年）がある。

装幀——宗利淳一

変形する身体

二〇一五年一二月二五日第一版第一刷印刷　二〇一六年一月五日第一版第一刷発行

著者――アルフォンソ・リンギス

訳者――小林徹

発行者――鈴木宏

発行所――株式会社水声社

東京都文京区小石川二―一〇―一　いろは館内　郵便番号一一二―〇〇〇二

電話〇三―三八一八―六〇四〇　ＦＡＸ〇三―三八一八―二四三七

郵便振替〇〇一八〇―四―六五四一〇〇

URL : http://www.suiseisha.net

印刷・製本――ディグ

ISBN978-4-8010-0137-4

乱丁・落丁本はお取り替えいたします。